Língua portuguesa:
classes gramaticais e texto narrativo

SÉRIE POR DENTRO DA LÍNGUA PORTUGUESA

Adriana Lemes
Angelo Renan Acosta Caputo
Cláudia Soares Barbosa
Isabella Vieira de Bem
Tania Maria Steigleder da Costa

Língua portuguesa:
classes gramaticais e texto narrativo

Editora
intersaberes

EDITORA intersaberes

Rua Clara Vendramin, 58 . Mossunguê
CEP 81200-170 . Curitiba . PR . Brasil
Fone: (41) 2106-4170
www.intersaberes.com
editora@editoraintersaberes.com.br

CONSELHO EDITORIAL
Dr. Ivo José Both (presidente)
Dr.ª Elena Godoy
Dr. Nelson Luís Dias
Dr. Neri dos Santos
Dr. Ulf Gregor Baranow

EDITORA-CHEFE
Lindsay Azambuja

SUPERVISORA EDITORIAL
Ariadne Nunes Wenger

ANALISTA EDITORIAL
Ariel Martins

PROJETO GRÁFICO
Raphael Bernadelli

CAPA
Igor Bleggi

Texto da capa excerto da obra:
SAUSSURE, Ferdinand de.
Curso de linguística. São
Paulo: Cultrix, 1983.

1ª edição, 2013.
Foi feito o depósito legal.

Informamos que é de inteira responsabilidade das autoras a emissão de conceitos. Nenhuma parte desta publicação poderá ser reproduzida por qualquer meio ou forma sem a prévia autorização da Editora InterSaberes.

A violação dos direitos autorais é crime estabelecido na Lei nº 9.610/1998 e punido pelo art. 184 do Código Penal.

Dados Internacionais de Catalogação na Publicação (CIP)
(Câmara Brasileira do Livro, SP, Brasil)

Língua portuguesa: classes gramaticais e texto narrativo/Cláudia Soares Barbosa...[et al.]. – Curitiba: InterSaberes, 2013. – (Série Por Dentro da Língua Portuguesa).

Outros autores: Angelo Renan Acosta Caputo, Adriana Lemes, Tania Maria Steigleder da Costa, Isabella Vieira de Bem
Bibliografia.
ISBN 978-85-8212-573-1

1. Português – Estudo e ensino 2. Português – Gramática – Estudo e ensino I. Barbosa, Cláudia Soares. II. Caputo, Angelo Renan Acosta. III. Lemes, Adriana. IV. Costa, Tania Maria Steigleder da. V. Bem, Isabela Vieira de. VI. Título. VII. Série.

12-10275   CDD-469.07

Índices para catálogo sistemático:
1. Português: Estudo e ensino 469.07

EDITORA AFILIADA

Sumário

Apresentação, VII

(1) Estrutura das palavras, 11
    1.1   Raiz ou radical, 15
    1.2   Vogal temática, 16
    1.3   Tema, 17
    1.4   Desinências, 18
    1.5   Afixos, 19

(2)   Formação de palavras, 23

  2.1   Processos de formação de palavras, 27

  2.2   Outros processos de formação de palavras, 29

(3)   Artigo e substantivo, 35

  3.1   O artigo, 38

  3.2   Substantivo, 45

(4)   Adjetivos, 63

  4.1   Classificação, 68

  4.2   Flexão dos adjetivos, 70

  4.3   Implicações no emprego de alguns adjetivos, 74

(5)   Pronomes pessoais, possessivos e demonstrativos, 77

  5.1   Classificações dos pronomes, 82

(6)   Pronomes relativos, indefinidos e interrogativos, 99

  6.1   Pronomes relativos, 102

  6.2   Pronomes indefinidos, 106

  6.3   Pronomes interrogativos, 109

(7)   Numerais e interjeições, 113

  7.1   Numerais, 116

  7.2   Leitura e emprego dos numerais, 121

  7.3   Interjeições, 124

(8)   Texto narrativo, 131

  8.1   Narração, 135

  8.2   Apresentação das personagens, 145

  8.3   Tratamento do tempo, 152

  8.4   O espaço, 154

  8.5   Tipos de texto narrativo, 155

Referências, 167

Gabarito, 169

Apresentação

Para facilitar a abordagem de diferentes aspectos linguísticos, as palavras estão agrupadas em CLASSES GRAMATICAIS ou CLASSES DE PALAVRAS, ou, ainda, CLASSES MORFOLÓGICAS. Uma classe gramatical é constituída por um grupo de palavras que possuem características morfológicas, sintéticas e semânticas comuns.

O esperado do profissional educador da área de língua portuguesa é que consiga identificar não só a que grupo pertence uma palavra empregada em um contexto, mas também o valor de um emprego determinado.

Dessa forma, este livro está organizado em oito capítulos que introduzirão o estudo das classes gramaticais (substantivos, adjetivos, pronomes, numerais e interjeições), além de abordar o texto narrativo.

No Capítulo 1, abordaremos o conceito de MORFOLOGIA para conhecermos as menores unidades significativas das palavras: os morfemas (radical, tema, vogal temática, afixos [sufixos e prefixos] e desinências). Acompanharemos exemplos que facilitarão a compreensão do conteúdo, assim como tabelas de prefixos gregos e latinos mais usados.

No Capítulo 2, veremos como se formam as palavras através dos PROCESSOS DE DERIVAÇÃO E COMPOSIÇÃO, além de outros não menos importantes, como o hibridismo, a abreviação vocabular, ou redução, e a sigla, ou acronímia.

Para introduzir o estudo das classes de palavras, o Capítulo 3 inicia a exploração dos ARTIGOS E DOS SUBSTANTIVOS, com a abordagem de definições, classificações, flexões, diferentes usos e empregos, além de outras importantes observações.

No Capítulo 4, aprofundaremos os estudos dos ADJETIVOS e poderemos perceber sua relação com a classe gramatical já estudada – o substantivo. Conheceremos a classificação dos adjetivos, seus desdobramentos em locuções adjetivas, os adjetivos eruditos, as flexões e as formas peculiares de emprego.

Nos CAPÍTULOS 5 e 6, estudaremos OS PRONOMES. No Capítulo 5, abordaremos OS PRONOMES PESSOAIS, OS POSSESSIVOS E OS DEMONSTRATIVOS. No Capítulo 6, daremos ênfase aos pronomes RELATIVOS, aos INDEFINIDOS e aos INTERROGATIVOS. Em ambos os capítulos, iniciaremos pelos respectivos conceitos, seguiremos com as classificações, os usos e os empregos, destacando as peculiaridades dos pronomes.

O Capítulo 7 será dividido entre o estudo dos NUMERAIS e das INTERJEIÇÕES. Identificaremos essas classes gramaticais em trechos de textos e observaremos suas respectivas classificações, flexões e peculiaridades de uso e de emprego.

Finalmente, no Capítulo 8 será abordado o texto narrativo, identificando as pessoas do discurso e os elementos essenciais (como o tempo, o espaço, o enredo, o foco narrativo e as personagens). A partir de exemplos de textos narrativos, distinguiremos as etapas básicas da narrativa e também diferentes modelos de esquemas desse tipo de texto.

Com este livro, esperamos dar o auxílio necessário aos professores da área de língua portuguesa, para que sua missão de formar alunos não apenas proficientes em sua língua materna, mas também possuidores de um saber especializado e qualificado acerca da estrutura e do funcionamento de sua língua, possa ser cumprida.

Santa Inês Pavinato Caetano

(1)

Estrutura das palavras

Cláudia Soares Barbosa é licenciada em Letras (Língua Portuguesa e Literaturas de Língua Portuguesa) pela Universidade Luterana do Brasil (Ulbra) e em Letras (Língua Espanhola e Literaturas de Língua Espanhola) pela mesma instituição. É mestre em Linguística Aplicada pela Pontifícia Universidade Católica do Rio Grande do Sul (PUCRS).

Trataremos, neste capítulo, da estrutura das palavras na língua portuguesa e, portanto, da morfologia.

> MORFOLOGIA provém das palavras *morphê*, que significa "forma", e *logos*, que significa "estudo, tratado". Dessa forma, *morfologia* significa, com base nos seus elementos de origem, o "estudo da forma".

Estudaremos, com base nessa definição, os conceitos de *raiz* ou *radical, vogal temática, tema, desinências* e *afixos*.

Segundo Mesquita (2002, p. 112), as palavras são sequências de sons que ligam determinados sentidos. Por exemplo: quem não conhece o significado da palavra *necrofilia*, pode descobri-lo de duas formas: pelo contexto ou com base nas informações de sentido expressas pela sequência de fonemas da palavra.

Ainda de acordo com Mesquita (2002), podemos identificar duas partes na palavra *necrofilia*: *necro* (que aparece também na palavra *necrotério*) e *filia* (que aparece também em *hemofilia*). Ao relacionarmos, podemos concluir que o prefixo *necro* está associado à ideia de morte e que o sufixo *filia* refere-se à de amigo. Dessa forma, *necrofilia* seria uma "relação de amor com os mortos".

Para que possamos compreender o significado de uma palavra, é necessário conhecê-la em suas menores unidades significativas, ou seja, é preciso conhecer a estrutura das palavras. A esses elementos significativos chamamos de *morfemas*.

<u>MORFEMAS são as unidades de significação responsáveis pela formação das palavras.</u>

Para identificar os morfemas que compõem uma palavra, realizamos uma análise MÓRFICA ou análise MORFOLÓGICA. Os elementos mórficos ou morfemas são: radical, tema, vogal temática, afixos (sufixos ou prefixos) e desinências.

A seguir, trataremos das definições desses elementos.

(1.1)
Raiz ou radical

É fácil confundirmos o conceito de raiz com o de radical. A diferença consiste em que *raiz* é um conceito histórico e interessa à etimologia. Já o conceito de *radical* diz respeito à gramática.

Numa série como "*triste, tristeza, tristonho, entristecer, contristar*", observa-se um elemento comum aos cinco vocábulos: *trist* – esse é o RADICAL. No entanto, em "entristecer" e "contristar" é possível perceber, também, um radical secundário, *entristec-* e *contrist-*. Dessa forma, o radical primário (irredutível) na série "*trist-*" – pode ser apontado como a raiz, elemento que encerra a significação fundamental de todo o conjunto, que é chamado *família léxica* ou *família de palavras cognatas*.

Por isso, quando tratamos de palavras que apresentam uma mesma raiz, falamos em palavras cognatas. Por exemplo: do latim *stella* derivam estrela, estrelar, estrelado, estrelante, estrelário.

Rocha (2003, p. 193, grifo do original) afirma que, para análise da estrutura das palavras em português, "não se busca ascender à determinação de raízes; geralmente, toma-se como ponto de partida o *radical*".

RADICAL é o elemento que funciona como base do significado, sendo elemento comum a palavras de uma mesma família. É conhecido também como SEMANTEMA, LEXEMA ou MORFEMA RADICAL.

Vejamos alguns exemplos de radicais:

pedr → pe<u>d</u>ra → pe<u>d</u>rinha → pe<u>d</u>rada
ferr → <u>f</u>erro → <u>f</u>erreiro → <u>f</u>erragem
mar → <u>m</u>arinho → <u>m</u>arujo → <u>m</u>arinheiro
port → po<u>r</u>ta → po<u>r</u>teiro → po<u>r</u>tão

(1.2)
Vogal temática

É o elemento mórfico que se agrega ao radical de uma palavra para que ela possa receber outros morfemas. As vogais temáticas podem ser nominais ou verbais.

NOMINAIS: são as vogais átonas *a, e, o* agregadas em final de substantivos e adjetivos. Vejamos alguns exemplos (nos quais a vogal temática está sublinhada).

mes<u>a</u>	janel<u>a</u>	lenç<u>o</u>	livr<u>o</u>	lebr<u>e</u>

VERBAIS: são as vogais *a, e, i,* que agrupam os verbos nas três conjugações:

cant<u>a</u>r	escrev<u>e</u>r	ped<u>i</u>r

Vogais atemáticas

São consideradas ATEMÁTICAS as palavras que terminam em consoante, como *luz, mar*. No plural, essas palavras adquirem um <u>e</u> átono que, etimologicamente, constitui a vogal temática.

Segundo Câmara (1970), os nomes terminados em vogal tônica, como *sabiá, tupi* e *tatu*, também são atemáticos.

(1.3)
Tema

É o radical acrescido da vogal temática. Nos VERBOS, obtemos o tema retirando o r do infinitivo.

fala – r	*oferece* – r	*dormi* – r
TEMA	TEMA	TEMA

Nos NOMES, nem sempre é fácil identificar o tema. Em palavras terminadas em vogais átonas *a, e, o,* o tema também termina nessas vogais.

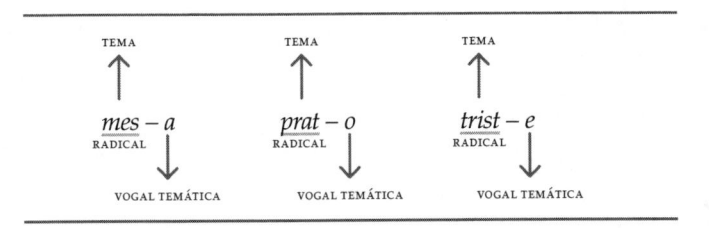

TEMA	TEMA	TEMA
↑	↑	↑
mes – *a*	*prat* – *o*	*trist* – *e*
RADICAL ↓	RADICAL ↓	RADICAL ↓
VOGAL TEMÁTICA	VOGAL TEMÁTICA	VOGAL TEMÁTICA

OBSERVAÇÃO: em palavras em que não há vogal temática, como *luz, mar, tatu,* o radical coincide com o tema.

(1.4)

Desinências

São elementos mórficos que identificam as flexões das palavras, isto é, apresentam categorias gramaticais: nos NOMES, são o gênero (feminino/masculino) e o número (singular/plural); nos VERBOS, são a pessoa (1ª, 2ª e 3ª), o número (singular, plural), o tempo (presente/pretérito/futuro) e o modo (indicativo, subjuntivo).

DESINÊNCIAS NOMINAIS: indicam o gênero e o número dos nomes (substantivos, adjetivos, pronomes, numerais). No gênero, a presença/ausência do *a* determina o masculino ou feminino. A ausência (Ø) ou a presença de *s* são, respectivamente, marcas de singular e de plural.

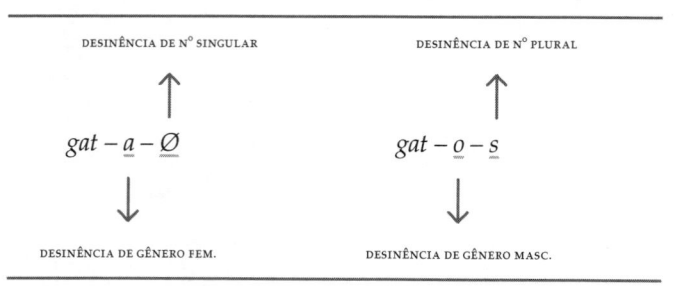

DESINÊNCIA DE Nº SINGULAR	DESINÊNCIA DE Nº PLURAL
↑	↑
gat – a – Ø	gat – o – s
↓	↓
DESINÊNCIA DE GÊNERO FEM.	DESINÊNCIA DE GÊNERO MASC.

Não se deve confundir a VOGAL TEMÁTICA *a* com a DESINÊNCIA DE GÊNERO FEMININO *a*. Na palavra *rosa*, por exemplo, o *a* é vogal temática, porque não se opõe a *roso*. Já na palavra *menina*, o *a* é desinência de gênero feminino, pois se opõe a *menino*.

DESINÊNCIAS VERBAIS: indicam as flexões dos verbos em número, pessoa, modo e tempo.

```
                    DESINÊNCIA NÚMERO-PESSOAL
                    (SEGUNDA PESSOA DO SINGULAR)
                              ↑
       Lembr – a – va – s
                  ↓      ↓
                         └──→ DESINÊNCIA MODO-TEMPORAL
           VOGAL TEMÁTICA          (PRETÉRITO IMPERFEITO DO INDICATIVO)


   DESINÊNCIA DO INFINITIVO              DESINÊNCIA DO GERÚNDIO
              ↑                                    ↑
       Fal – a – r         fal – ado        fal – a – ndo
              ↓                   ↓                 ↓
       VOGAL TEMÁTICA   DESINÊNCIA DO PARTICÍPIO  VOGAL TEMÁTICA
```

Nem sempre as formas verbais possuem a vogal temática. Na primeira pessoa do singular do presente do indicativo e do presente do subjuntivo, a desinência adere ao radical.

Exemplo:

```
          fal – o                      fal – e
             ↓                            ↓
   DESINÊNCIA NÚMERO-PESSOAL      DESINÊNCIA MODO-TEMPORAL
```

(1.5)

Afixos

São elementos mórficos que não se relacionam às flexões, mas criam palavras novas. Os afixos se agregam a uma raiz ou a um radical a fim de:

- mudar o sentido de uma palavra:
  Ex.: *fazer – desfazer*
- estabelecer uma ideia acessória:
  Ex.: *gordo – gorducho*
- mudar a classe gramatical da palavra:
  Ex.: *legal – legalizar*

Os afixos são elementos significativos secundários, unidos ao radical, para formar palavras novas. Quando o afixo vem antes do radical, chama-se *prefixo*, e quando vem depois, *sufixo*. Assim, na palavra *descongelamento*, podemos indicar dois afixos que são prefixais (*des* e *com*), além de um afixo sufixo (*mento*).

Os elementos constituintes da maioria das palavras da língua portuguesa são PREFIXOS, SUFIXOS e RADICAIS GRECO--LATINOS. O estudo desses elementos é muito importante para o conhecimento do significado das palavras.

Quadro 1.1 – *Prefixos mais usados*

PREFIXO LATINO	PREFIXO GREGO	SIGNIFICADO	EXEMPLOS	
			PREF. LATINO	PREF. GREGO
Ab-, abs-	Apo-	Afastamento	*Abs* ter	*Apo* geu
Ambi-	Anfi-	Duplicidade	*Ambi* guo	*Anfi* bio
Bi-	Di-	Dois	*Bi* pede	*Di* grafo
Ex-	Ex-	Para fora	*Ex* ternar	*Êx* odo
Supra-	Epi-	Acima de	*Supra* citar	*Epi* táfio

Quadro 1.2 – *Sufixos mais usados*

Sufixo latino	Exemplo	Sufixo grego	Exemplo
-ada	Paul*ada*	-ia	Geolog*ia*
-eria	Selvag*eria*	-ismo	Catolic*ismo*
-ável	Am*ável*	-ose	Mic*ose*

Atividades

1. Marque com um X a alternativa em que o elemento mórfico destacado está classificado incorretamente:
   a. *In*dispens*ável* – prefixo, sufixo.
   b. Repassa*s* – desinência verbal.
   c. Jun*ta*mos – vogal temática.
   d. Quise*sse* – desinência verbal número-pessoal.

2. Marque como verdadeiras (V) ou falsas (F) as afirmações a seguir:
   ( ) A palavra MEDIU é formada de: *med-* radical; *i* – vogal temática; *medi-* tema; *-u*, que é a desinência verbo-nominal.
   ( ) A palavra EXISTIRIA é formada de: *exist-* radical; *i* – vogal temática; *existi-* tema; *-ria* – desinência modo-temporal.
   ( ) O radical da palavra DEDICADA é *ded-*.
   ( ) A palavra NASCESSE é formada de: *nasc-*: radical; *e-*: vogal temática; *nasce-*: tema; *-sse*: desinência modo-temporal.

Agora, assinale a alternativa que corresponde à sequência correta:
a. F, V, F, V.
b. V, F, V, F.
c. V, V, V, V.
d. F, V, V, V.

3. Assinale a alternativa que contém os elementos mórficos destacados nas palavras: *começar, carinho, pessoa* e *maravilhosa,* respectivamente.
   a. Vogal temática, vogal temática, vogal temática, desinência nominal.
   b. Desinência nominal, desinência nominal, desinência nominal, vogal temática.
   c. Vogal temática, desinência nominal, vogal temática, desinência nominal.
   d. Desinência nominal, desinência nominal, vogal temática, vogal temática.

(2)

Formação de palavras

Cláudia Soares Barbosa

Neste capítulo, daremos continuidade aos estudos morfológicos. Agora que já sabemos como é formada a estrutura das palavras na língua portuguesa, estudaremos vários PROCESSOS DE FORMAÇÃO DE PALAVRAS nessa língua, principalmente a DERIVAÇÃO e a COMPOSIÇÃO.

O princípio de tudo

O episódio da Torre de Babel, segundo relatos bíblicos, foi uma espécie de castigo dado por Deus para o povo, que o teria desobedecido ao decidir construir "a cidade mais importante do mundo", com uma torre bem alta, onde pudessem adorar o céu, o sol e as estrelas. Ao ver essa construção, erigida contra a sua vontade, Deus teria resolvido "descer e confundir as palavras do povo" – na época todos falavam a mesma língua, o hebraico. Assim, diz a Bíblia, nasceram os idiomas, e o povo, que passou a não mais se entender, teve de abandonar o projeto e partir para outras terras.

Se Babel, mito tão representado na literatura e nas artes plásticas, é sinônimo de confusão e DESENTENDIMENTO, hoje adquiriu também uma CONOTAÇÃO bem mais positiva, a de DIVERSIDADE cultural. Assim, ESTUDIOSOS se empenham em identificar as mais de seis mil línguas faladas hoje no planeta e descobrir sua origem, para entender suas relações de parentesco e afinidades.

FONTE: ENTRE LIVROS, 2006 (GRIFO NOSSO).

As palavras que destacamos no texto são exemplos de FORMAÇÃO DE PALAVRAS em nossa língua:

- DESENTENDIMENTO: formada com o acréscimo do prefixo – *des* – e do sufixo – *mento*.
- DIVERSIDADE: formada com o acréscimo do sufixo – *idade*.
- ESTUDIOSOS: formada como acréscimo do sufixo – *oso*.

(2.1)
Processos de formação de palavras

Passaremos a detalhar, a partir de agora, os principais processos de formação de palavras, fazendo descrições e mostrando exemplos de cada um.

Derivação

A formação de palavras por derivação consiste no acréscimo de afixos (prefixos/sufixos) a um radical primário. São cinco tipos de derivação: prefixal, sufixal, parassintética ou parassíntese, regressiva ou deverbal e imprópria ou conversão.

- PREFIXAL – acréscimo de um prefixo a um radical primário:

<u>in</u>feliz	<u>des</u>leal	<u>re</u>mexer	<u>in</u>decente
PREFIXO	PREFIXO	PREFIXO	PREFIXO

- SUFIXAL – acréscimo de sufixo à palavra primitiva:

feliz<u>mente</u>	leal<u>dade</u>	nutri<u>ção</u>	ador<u>ável</u>
SUFIXO	SUFIXO	SUFIXO	SUFIXO

Parassíntese ou parassintética

Consiste no acréscimo simultâneo de prefixo e sufixo a um radical primário. Por esse processo, formam-se essencialmente verbos de base substantiva ou adjetiva:

<u>en</u>surd<u>ecer</u>	<u>a</u>benço<u>ado</u>	<u>en</u>forc<u>ar</u>
PREFIXO SUFIXO	PREFIXO SUFIXO	PREFIXO SUFIXO

Se com a retirada do prefixo ou do sufixo não existir aquela palavra na língua, houve parassíntese. Vejamos: *infeliz* existe e *felizmente* existe, logo houve prefixação e sufixação em INFELIZMENTE; *ensurde* não existe e *surdecer* também não, portanto ENSUDERCER foi formada por parassíntese.

Regressiva ou deverbal

Consiste na supressão de alguns elementos mórficos, acarretando a redução da palavra na sua base lexical. CRIA SUBSTANTIVOS QUE DENOTAM AÇÃO E SÃO DERIVADOS DE VERBOS, por isso é também chamada de *derivação deverbal*.

| Abalar – abalo | Atacar – ataque |
| Chorar – choro | Jogar – jogo |

Para Barreto (1922, p. 247), "se o substantivo denota ação, será palavra derivada, e o verbo palavra primitiva; mas, se o nome denota algum objeto ou substância, se verificará o contrário".

Dessa forma, *choro, socorro* e *emprego*, denotadores de ação, são palavras derivadas; *azulejo, alimento* e *fumo* são as palavras primitivas que dão origem aos verbos *azulejar, alimentar* e *fumar* (Mesquita, 2002, p. 134).

Derivação imprópria ou conversão

É a alteração da classe gramatical da palavra primitiva. É UM TIPO ESPECIAL DE DERIVAÇÃO, uma vez que a nova palavra não sofre alteração em sua forma primitiva, mas adquire novo valor semântico na frase ao mudar a classe gramatical. Dessa forma, só é possível identificar uma derivação imprópria dentro de um contexto ou de uma frase.

Recebi um belo não!
ADVÉRBIO SUBSTANTIVADO

(2.2)
Outros processos de formação de palavras

Além dos principais processos descritos anteriormente, a formação de palavras pode ocorrer de muitas outras maneiras. Veja a seguir como podem ser alguns desses processos.

Composição

Consiste na união de dois ou mais radicais para formar uma outra palavra, com um significado novo, denominada *palavra composta*. A composição pode ocorrer de duas formas: JUSTAPOSIÇÃO e AGLUTINAÇÃO.

- JUSTAPOSIÇÃO: as palavras unem-se sem qualquer alteração fonética e gráfica.

girassol (GIRA + SOL)	*pé de moleque* (PÉ + DE + MOLEQUE)	*dona de casa* (DONA + DE + CASA)
guarda-noturno (GUARDA + NOTURNO)	*passatempo* (PASSA + TEMPO)	

- AGLUTINAÇÃO: as palavras, ao se unirem, apresentam ALTERAÇÃO FONÉTICA. Alguns exemplos podem ser vistos a seguir:

petróleo (PEDRA + ÓLEO)	*aguardente* (ÁGUA + ARDENTE)
embora (EM + BOA + HORA)	*vinagre* (VINUN + ACRE)

Hibridismo

É a formação de palavras, por derivação ou por composição, com base em ELEMENTOS ORIGINÁRIOS DE OUTRAS LÍNGUAS.

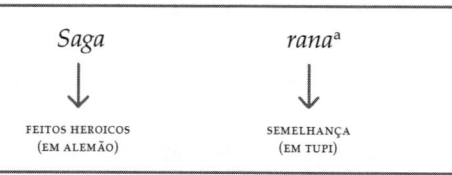

Saga	*rana*[a]
↓	↓
FEITOS HEROICOS (EM ALEMÃO)	SEMELHANÇA (EM TUPI)

Alguns exemplos de hibridismo:

- buro/cracia: (*buro*, de origem francesa, e *cracia*, de origem grega);
- socio/logia: (*sócio*, de origem latina, e *logia*, de origem grega);
- auto/móvel: (*auto*, de origem grega, e *movel*, de origem latina);
- abreu/grafia (*abreu*, de origem portuguesa, e *grafia*, de origem grega);
- bí/gamo: (*bi*, de origem latina, e *gamo*, de origem grega);
- mono/cultura (*mono*, de origem grega, e *cultura*, de origem latina).

Abreviação vocabular ou redução

Algumas palavras, por economia ou afetividade, às vezes podem sofrer um processo de redução com a eliminação de sílabas, conforme mostramos no Quadro 2.1:

---

a. *Sagarana* é o título de um livro de contos de Guimarães Rosa. É um neologismo criado pelo autor (Mesquita, 2002, p. 135).

Quadro 2.1 – Processo de redução

motocicleta = moto	pornográfico = pornô
pneumático = pneu	vestibular = vestiba
José = Zé	metropolitano = metrô
cinematográfico = cinema = cine	violoncelo = celo
fotografia = foto	telefone = fone
analfabeto = analfa	extraordinário = extra

A palavra que sofre redução assume todo o sentido da palavra original. Por exemplo: embora o sentido do prefixo *auto* – seja "próprio, de si mesmo", em determinados contextos ele passou a ser entendido como a redução da palavra *automóvel*. Exemplo: *O rapaz dirigia o auto em grande velocidade.*

Com sentido de *automóvel* (e não prefixo), a palavra *auto* passou a fazer parte de novas palavras, como *auto-escola* (Mesquita, 2002, p. 134). Não devemos confundir ABREVIAÇÃO VOCABULAR com ABREVIATURA, SIGLA ou SÍMBOLO. Vejamos:

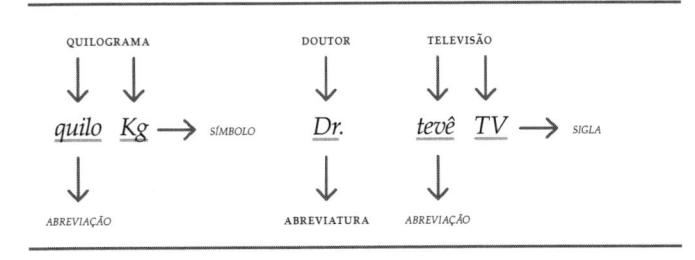

QUILOGRAMA	DOUTOR	TELEVISÃO
↓ ↓	↓	↓ ↓
quilo Kg → SÍMBOLO	Dr.	tevê TV → SIGLA
↓	↓	↓
ABREVIAÇÃO	ABREVIATURA	ABREVIAÇÃO

Sigla ou acronímia

A sigla constitui uma nova palavra, a partir da qual outras podem ser criadas e reduz a palavra em letras e ou sílabas iniciais. Vejamos alguns exemplos:

FGTS – *Fundo de Garantia do Tempo de Serviço*
IOF – *Imposto sobre Operações Financeiras*
RG – *Registro Geral*
CPF – *Cadastro de Pessoas Físicas*
PIB – *Produto Interno Bruto*
IPTU – *Imposto Predial e Territorial Urbano*

As siglas incorporam-se de tal forma ao nosso vocabulário que passam a sofrer flexões e a produzir derivados. É frequente o surgimento de construções como as CPIs (Comissões Parlamentares de Inquérito); PMDB (Partido do Movimento Democrático Brasileiro) ou *petistas* (membros do PT – Partido dos Trabalhadores).

Algumas siglas provieram de outras línguas, principalmente do inglês: UFO – *Unidentified Flying Object* (objeto voador não identificado), AIDS – *Acquired Immunological Deficiency Syndrome* (síndrome da imunodeficiência adquirida), cuja forma em Portugal é SIDA.

Atividades

1. De todos os hibridismos apresentados a seguir, o único que NÃO está relacionado ao grego e ao latim é:
   a. monocultura.
   b. astronauta.
   c. automóvel.
   d. alfaiate.

2. Assinale a ÚNICA palavra formada por composição:
   a. barrigudo.
   b. pontapé.
   c. antebraço.
   d. felizmente.

3. Assinale a série cujos processos de formação de palavras são, respectivamente, parassíntese, derivação regressiva, derivação prefixal e sufixal e hibridismo:
   a. embarcar – abandono – enriquecer – televisão.
   b. encestar – porquê – infelizmente – sociologia.
   c. enfraquecer – desafio – deslealdade – burocracia.
   d. entrega – busca – inutilidade – sambódromo.

4. Os processos de formação de palavras em português são:
   a. composição e aliteração.
   b. aliteração e aglutinação.
   c. derivação e composição.
   d. averbação e derivação.

5. Constituem morfemas:
   a. afixo, desinência e vogal temática.
   b. prefixo, tema e consoante de fixação.
   c. radical, desinência e vogal de fixação.
   d. desinência, consoante cognata e tema.

(3)

Artigo e substantivo

Angelo Renan Acosta Caputo é graduado em Letras pela Fundação Universidade de Bagé (FUnBA), especialista em Métodos e Técnicas: Língua Portuguesa e Línguas Estrangeiras Modernas pela Universidade do Vale do Rio dos Sinos (Unisinos).

Angelo Renan Acosta Caputo

No capítulo anterior, estudamos a estrutura das palavras e também os processos que entram em sua formação, modificando-as em sua constituição fonética e semântica.

NESTE CAPÍTULO, ESTUDAREMOS AS POSSIBILIDADES CLASSIFICATÓRIAS DAS CATEGORIAS GRAMATICAIS que, de certa forma, estabelecerão sua função sintática conforme sua posição e contexto frasal. Serão escopo de estudo O ARTIGO e O SUBSTANTIVO – o primeiro, como elemento referenciador de quantificação e indefinição junto ao substantivo; o segundo, como referenciador de nomes, será visto em todas as suas flexões e possibilidades de adequação.

(3.1)
O artigo

Vamos ler um fragmento do texto *O pirotécnico Zacarias*, escrito por Murilo Rubião, representante do realismo fantástico no Brasil. Para facilitar a compreensão e fundamentar, de maneira mais clara, as explanações que serão feitas no texto, destacamos alguns elementos considerados importantes.

> ### O pirotécnico Zacarias
>
> *"E se levantará pela tarde sobre ti uma luz como a do meio-dia; e quando te julgares consumido, nascerá como a estrela d'alva."* (Jó 11:17)
>
> Raras são <u>as vezes</u> que, nas conversas de amigos meus, ou de pessoas de minhas relações, não surja esta pergunta. Teria morrido o pirotécnico Zacarias?
> A esse respeito as opiniões são divergentes. <u>Uns</u> acham que estou vivo – o morto tinha apenas alguma semelhança comigo. Outros, mais supersticiosos, acreditam que minha morte pertence ao rol dos fatos consumados e o indivíduo a quem andam chamando Zacarias não passa de <u>uma</u> alma penada, envolvida por um pobre invólucro humano. Ainda há os que afirmam de maneira categórica o meu falecimento e não aceitam o cidadão existente como sendo Zacarias, o artista pirotécnico, mas alguém muito parecido com o finado.

> *Uma* coisa ninguém discute: se Zacarias morreu, o seu corpo não foi enterrado.
> A única pessoa que poderia dar informações certas sobre o assunto sou eu. Porém estou impedido de fazê-lo porque os meus companheiros fogem de mim, tão logo me avistam pela frente. Quando apanhados de surpresa, ficam estarrecidos e não conseguem articular *uma* palavra.
> Em verdade morri, o que vem de encontro à versão dos que creem na minha morte. Por outro lado, também não estou morto, pois faço tudo o que antes fazia e, devo dizer, com mais agrado do que anteriormente.

FONTE: RUBIÃO, 2005 (GRIFO NOSSO).

Como você deve ter percebido, os elementos destacados no texto estão antecedendo alguns substantivos. O que podemos notar é que, ao se usar *o, a, os, as*, tivemos a impressão de que os substantivos já eram conhecidos dos sujeitos da narrativa e quando se usou *um, uma, uns, umas*, a impressão é de que os substantivos eram, de certa forma, não especificados.

Dessas observações, podemos dizer então que, ao se usar o, a, os, as, *estamos definindo, especificando os substantivos que eles acompanham. Por outro lado, ao se usar* um, uma, uns, umas, *o substantivo posposto é indeterminado, ou seja, não específico.*
A essas palavras que têm a possibilidade de definir ou indefinir os substantivos, chamamos de artigos.

Para Mesquita (1994, p. 198), *artigo é uma palavra variável que serve para substantivar as palavras, caracterizando-as como seres determinados ou indeterminados e indicando-lhes o gênero e o número.*

Classificação

Os artigos, como outras categorias flexionáveis, estão classificados em:

Definidos

São os caracterizadores de um nome, considerando-se a existência de outros da mesma espécie, particularizando-o, especificando-o. Normalmente ocorre quando o substantivo já é conhecido dos interlocutores.

Para exemplificar, vamos reler a introdução do texto de Rubião (2005):

> Raras são as vezes que, nas conversas de amigos meus, ou de pessoas das minhas relações, não surja esta pergunta. Teria morrido O pirotécnico Zacarias? (grifo nosso)

Pelo que podemos perceber, a expressão *as vezes* e *o pirotécnico Zacarias* já eram de conhecimento tanto do narrador quanto dos outros participantes da história, daí a presença dos artigos definidos *as* e *o* antes dos substantivos *vezes* e *pirotécnico*.

Indefinidos

A presença de um artigo indefinido, antes dos nomes, indetermina, faz com que os nomes fiquem vagos ou não específicos. De acordo com Neves (2000, p. 511), os artigos indefinidos são não descritivos, ou seja, não dão informação sobre a natureza dos nomes, operando sobre um conjunto de objetos previamente delimitados em razão de suas propriedades. A mesma autora ainda diz que usam-se (os artigos indefinidos) "antes de substantivos quando não se deseja apontar ou indicar a pessoa ou coisa a que se faz referência, nem na situação nem no contexto" (Neves, 2000, p. 153).

Retomemos o fragmento de texto escrito por Rubião (2005):

[...] e o indivíduo a quem andam chamando Zacarias não passa de <u>uma</u> alma penada, envolvida por <u>um</u> pobre invólucro humano. (grifo nosso).

Como é possível observar, a referência à *alma penada* é feita considerando-a de forma não específica, indefinida, e o mesmo ocorre com *pobre invólucro*, tomados, ambos, de forma vaga, genérica.

Peculiaridades do artigo

O artigo, definido ou indefinido, pode fundir-se ou combinar-se com as preposições *a, de, em, por*.

- "[...] o que vem de encontro <u>à</u> versão [...]"
  <u>à</u> = a (preposição) + a (artigo)
- [...] "ou de pessoas <u>das</u> minhas relações [...]"
  <u>das</u> = de (preposição) + as (artigo)
- "[...] dos que creem <u>na</u> minha morte".
  <u>na</u> = em (preposição) + a (artigo)
- "[...] e se levantará <u>pela</u> tarde sobre ti [...]"
  <u>pela</u> = por (preposição) + a (artigo)

O artigo substantiva qualquer outra categoria gramatical. Veja o exemplo a seguir:

A princípio foi azul, depois verde, amarelo e negro. <u>Um</u> negro espesso, cheio de listras vermelhas, de <u>um</u> vermelho compacto (Rubião, 2005, grifo nosso).

Como você pode perceber no texto, os adjetivos *negro* e *vermelho* foram substantivados pela anteposição do artigo indefinido *um*.

O artigo identifica o gênero e o número dos substantivos:

- "[...] <u>nas</u> *conversas de amigos meus* [...]"
  <u>nas</u> ⟶ feminino plural
- "*Teria morrido <u>o</u> pirotécnico Zacarias?*"
  <u>o</u> ⟶ masculino singular

O artigo distingue homônimos, definindo seus significados:

- *Pedro é <u>a</u> estrela da tarde.*
  (astro ⟶ substantivo, em sentido figurado)
- *Pedro é <u>a</u> estrela do time.*
  (destaque ⟶ adjetivo)

Usos do artigo

Já vimos os conceitos, classificação e particularidades de artigos definidos e indefinidos. Agora vamos aprender algumas NORMAS sobre o emprego e a sua ação sobre os substantivos.

Usos do artigo definido

- Depois do pronome definido *todo*, quando queremos dar IDEIA DE TOTALIDADE, POR INTEIRO.
  Ex.: *A jovem bebeu <u>todo o</u> suco do copo.*
- Posposto ao numeral *ambos* e anteposto ao substantivo em referência.

Ex.: *O pai chamou ambos os filhos para lhes dar o mesmo conselho.*

- Antecedendo NOMES DE ESTADOS, PAÍSES, CONTINENTES, RIOS, SERRAS e NOMES PRÓPRIOS GEOGRÁFICOS.

Ex.: *O Rio Grande do Sul, junto com outros estados, engrandece economicamente o Brasil; A Serra Geral e a Serra do Mar são ricas em fauna e flora.*

- Para designar CRIAÇÕES LITERÁRIAS.

Ex.: *Murilo Rubião escreveu obras fantásticas como a "Bárbara" e o "Alfredo".*

- Como ANÁFORA de um substantivo já referido no texto.

Ex.: *Os amigos mais recentes são tão valiosos quanto os mais antigos.*

- Para relacionar NOMES EM UMA ENUMERAÇÃO.

Ex.: *Os alunos, os professores e a diretoria estavam aflitos na reunião.*

Emprego facultativo dos artigos

Antes de pronomes possessivos, podemos optar por usá-los ou não.

Ex.: *Roubaram meu cachorro* ou *Roubaram o meu cachorro.*

Situações nas quais não é permitido o uso do artigo definido

Também é importante saber que há situações em que NÃO É PERMITIDO o uso do artigo definido:

- Antes de nomes de pessoas (não havendo familiaridade ou intimidade).

Ex.: *Maria será nossa diretora em 2008.*

- Após o pronome relativo *cujo*.

Ex.: *Aquela é a candidata cujos pais viajaram para Buenos Aires.*

- Antes de pronomes de tratamento.
  Ex.: <u>Vossa Senhoria</u> escolheu o momento oportuno.
- Antes do pronome OUTRO e suas flexões.
  Ex.: Alguns voltaram, <u>outros</u> nem saíram.
- Antes de substantivos tomados em sentido geral (indeterminado).
  Ex.: <u>Água</u> é bom para a saúde.
- Em provérbios.
  Ex.: Porta da casa, serventia da rua.
- Antes diversos nomes de cidades.
  Ex.: <u>Curitiba</u> é uma cidade fascinante.
- Antes de adjetivos no grau superlativo relativo.
  Ex.: Fiz as escolhas mais corretas de minha vida.
- Antes de vocativos.
  Ex.: Mãe, fale logo!
- Antes de datas, se não aparecer a palavra *dia*.
  Ex.: Viajarei em 29 de setembro.
- Antes das palavras *terra* (em sentido de terra firme) e *casa* (com sentido de moradia).
  Ex.: Os passageiros permaneceram em <u>terra</u>. Eles estão em <u>casa</u>.

Emprego dos artigos indefinidos

Quanto ao EMPREGO DOS ARTIGOS INDEFINIDOS, temos apenas duas ocorrências.

- Usamos os artigos indefinidos para enfatizar o que se diz.
  Ex.: Renata se portava com <u>um</u> certo ar de inveja.
- Antes de numerais, *uns* e *umas* indicam aproximação numérica.
  Ex.: A menina usava <u>umas</u> três blusas sob a jaqueta.
- O pronome *outro*, em sentido determinado, admite artigo.

Ex.: As outras respostas são inverossímeis.
- Nome de cidade acompanhado de determinante RECEBE ARTIGO.

Ex.: Esta é a Paris de meus sonhos.

(3.2)
Substantivo

Para que você possa entender melhor os substantivos, vamos ler um fragmento do seguinte texto:

Com o excesso de simplicidade de Macabea, a autora revelou ainda mais sua complexidade.

O uso da linguagem na obra de Clarice é tema que faz a autora ainda hoje tão interessante aos estudiosos da filosofia da linguagem e aos lacanianos. Embora pouco levada a sério pela crítica – que ainda hoje o considera "um livro menor" – é em "Uma aprendizagem ou o livro dos prazeres" que ela exacerba essa fragmentação da narrativa. É como se algo estivesse sendo dito, pensado e escrito quando Lispector começa o livro com uma vírgula. Este algo continuará sendo dito após o fim do livro, que termina no meio de um diálogo, num sinal de dois – pontos sinalizador de interrupção brusca e, ao mesmo tempo, de continuidade. [...]

FONTE: RODRIGUES, 2007, P. 32.

As palavras destacadas no texto (*excesso, autora, uso, obra, Clarice, estudiosos, lacanianos, fragmentação, Lispector, algo* e *fim*) são utilizadas para nos referirmos a seres, coisas, ações, fatos, sentimentos, estados, qualidades ou ideias e, a elas, denominamos *substantivos*. Para transformar qualquer palavra em substantivo, basta antepor-lhe um artigo, possessivo, demostrativo ou indefinido. Vejamos os exemplos a seguir:

- Advérbios transformados em substantivos.
  Ex.: *O amanhã poderá ser melhor do que o hoje.*
- Pronomes transformados em substantivos.
  Ex.: *Ele tinha um quê de misterioso e trágico.*
- Verbos transformados em substantivos.
- Ex.: *Este amar será indolor.*

Classificação

O substantivo, assim como o artigo, também possui CLASSIFICAÇÃO conforme sua função.

- SUBSTANTIVOS COMUNS: usamos para nos referirmos aos seres de forma generalizada, considerando a espécie.
  Ex.: *Os livros são instrumentos do saber.*
- SUBSTANTIVOS PRÓPRIOS: usamos quando queremos nos referir a um ser, em particular, dentro da mesma espécie.
  Ex.: *Ronaldo é o maior jogador do mundo.*
- SUBSTANTIVOS CONCRETOS: usamos para nomear seres que não dependem de outros para existir individualmente.
  Ex.: *A carreta era meio de transporte dos tropeiros.*

> Lembre que FADA, ALMA, FANTASMA e outros são considerados substantivos concretos por nomearem seres que têm existência própria, mesmo que imaginária.

- SUBSTANTIVOS ABSTRATOS: são nomes que designam ações, estados ou qualidades; dependem da existência de um ser concreto.
  Ex.: *Não quero minha intimidade exposta ao conhecimento público.*
- SUBSTANTIVOS SIMPLES: são nomes constituídos de um só

radical.

Ex.: A _felicidade_ está em todo lugar.

- **Substantivos compostos**: ao contrário dos substantivos simples, são nomes constituídos de mais de um radical.

Ex.: O _guarda-noturno_ trabalhou ininterruptamente no feriadão.

- **Substantivos primitivos**: são os que não se originam de outros e podem dar existência a outros vocábulos.

Ex.: Quisera ser um _rio_ sem margens aprisionadoras.

- **Substantivos derivados**: são os que provêm dos substantivos primitivos.

Ex.: A _pereira_ e o _pessegueiro_ florescem na primavera.

- **Substantivos coletivos**: são vocábulos que, embora usados no singular, denotam a pluralidade dos seres da mesma espécie. Listaremos alguns no Quadro 3.1, para ampliar seu conhecimento.

Quadro 3.1 – Substantivos coletivos

Academia	de artistas, de literatos, de sábios
Antologia	de textos seletos
Arquipélago	de ilhas
Bando	de aves
Batalhão	de soldados
Biblioteca	de livros
Bimestre	de dois meses
Cabido	de cônegos de uma catedral
Caderno	de folhas de papel
Cancioneiro	de canções

(continua)

(Quadro 3.1 – conclusão)

CHUVA	de pedras, de balas, de setas
DÉCADA	de dez anos
DISCOTECA	de discos
ELENCO	de atores

Gênero do substantivo

Os substantivos sofrem flexões quanto ao GÊNERO: são MASCULINOS os substantivos que admitem o artigo *o*, e são FEMININOS os que admitem o artigo *a*.
Veja alguns exemplos:

- EXEMPLOS DE SUBSTANTIVOS MASCULINOS: o *pato*, o *ganso*, o *estojo*.
- EXEMPLOS DE SUBSTANTIVOS FEMININOS: a *pata*, a *gansa*, a *régua*.

É importante lembrar que nem sempre as terminações *o* e *a* serão indicativos de gênero masculino e feminino, o que significa que há palavras com formas próprias. Veja nos exemplos:

- EXEMPLOS DE MASCULINOS: o *planeta*, o *refém*, o *sopé*, o *órgão*.
- EXEMPLOS DE FEMININOS: a *libido*, a *linhagem*, a *atenção*, a *marquise*.

Quanto ao gênero, há aqueles denominados *biformes* e os denominados *uniformes*. Quando o substantivo tem duas formas para indicar os diferentes gêneros, ele é denominado *biforme*.

- MASCULINO: *garoto, aluno, menino*

- FEMININO: *garota, aluna, menina*

No entanto, chamaremos *uniforme* quando houver uma só forma para determinar os dois gêneros. Observe:

a cobra	a pessoa	o povo	o indivíduo

Podemos, também, classificar OS SUBSTANTIVOS UNIFORMES em epicenos, sobrecomuns e comum de dois.

- EPICENOS: são substantivos invariáveis em gênero; referem-se a nomes de certos animais. Se quisermos explicar o sexo dos animais, devemos usar, após o substantivo, as palavras *macho* e *fêmea*. Veja a relação a seguir.

A formiga	*A cobra*	*O gavião*
(MACHO OU FÊMEA)	(MACHO OU FÊMEA)	(MACHO OU FÊMEA)

- SOBRECOMUNS: às vezes, esses substantivos, nos causam problemas, pois podem ser usados tanto para os seres do sexo masculino quanto para os do sexo feminino. Veja nos exemplos:

Maria foi vítima de acidente.
Pedro foi vítima de acidente.
O nome da criança é Maurício.
O nome da criança é Carla.
Joana era sujeito da oração simples.
Gustavo era sujeito da oração simples.

- COMUM DE DOIS: nesse caso, o substantivo tem uma só forma para os dois gêneros. A distinção é feita pelo uso de artigos, de adjetivos, de pronomes ou de outras formas adjetivas.

O indígena	A indígena
Este artista	Esta artista
Aquele jovem	Aquela jovem
Violinista famoso	Violinista famosa

Algumas curiosidades sobre a flexão de gênero dos substantivos

- Alguns substantivos mudam de significado, conforme o sentido de uso:

o cabeça CHEFE, LÍDER	a cabeça PARTE DO CORPO
o grama UNIDADE DE MEDIDA	a grama TIPO DE VEGETAÇÃO
o capital VALORES MONETÁRIOS	a capital CIDADE QUE ALOJA A ADMINISTRAÇÃO DE UM ESTADO OU PAÍS
o lente O PROFESSOR	a lente CORPO TRANSPARENTE LIMITADO POR DUAS SUPERFÍCIES REFRATORAS
o moral ÂNIMO, CONJUNTO DE FACULDADES MORAIS	a moral CONJUNTO DE REGRAS DE CONDUTA

- Alguns serão sempre masculinos:

o ágape	o alvará
o axioma	o estratagema
o telefonema	o pampa

o sabiá   o sanduíche

- Alguns serão sempre femininos:

a análise   a cal
a cólera   a comichão
a faringe   a ordenança
a sucuri   a usucapião

- São masculinos ou femininos:

o aluvião   a aluvião
o dengue   a dengue
o diabetes   a diabetes
o personagem   a personagem

Número

Além da flexão de gênero, o substantivo pode, ainda, ser flexionado quanto ao número. Dessa forma, todo substantivo pode referir-se a um ou mais seres dentro de um conjunto. Quando ele se refere a um ser ou um grupo de seres, dizemos que o substantivo está no SINGULAR.

A criança brinca alegremente.
A tropa marcha garbosamente.

Porém, se o substantivo se referir a mais de um ser ou grupo de seres, dizemos que ele está flexionado no PLURAL.

As crianças brincam alegremente.
As tropas marchavam garbosamente.

Formação do plural

Várias são as normatizações no que diz respeito à flexão do substantivo no plural, como mostraremos a seguir:

- Acrescenta-se s aos substantivos terminados em vogal ou ditongo.

Duas cabeças pensam mais do que uma.
As histórias contadas por nossos avós eram fascinantes.

- Quando o substantivo terminar em *m* no singular, no plural esta terminação será *ns*.

Na Páscoa, um bombom não é suficiente, mas vários bombons é exagero.

- Substantivos que terminam em *ão* possuem três possibilidades de flexão ao fazer o plural:

  - ÕES: *O leão é um animal feroz. Os leões são animais ferozes.*
  - ÃES: *O alemão foi colonizador no Rio Grande do Sul. Os alemães foram colonizadores no Rio Grande do Sul.*
  - ÃOS: *O bom cristão ama seu próximo. Os bons cristãos amam seu próximo.*

Substantivos paroxítonos terminados em *ão* apenas recebem s na formação do plural.

Ele quer a bênção de Deus.
Eles querem as bênçãos de Deus.

IMPORTANTE: alguns substantivos terminados em *ão*, na linguagem coloquial, têm variação de forma. Listamos, no Quadro 3.2, alguns deles:

Quadro 3.2 – *Variação de forma dos substantivos terminados em ão*

ALAZÃO	alazões, alazães
ALCORÃO	alcorões, alcorãos
ALDEÃO	aldeões, aldeãos, aldeães
ANÃO	anões, anãos
ANCIÃO	anciões, anciãos, anciães
CASTELÃO	castelões, castelãos
CHARLATÃO	charlatões, charlatãos
CORRIMÃO	corrimões, corrimãos
ERMITÃO	ermitãos, ermitões, ermitães
GUARDIÃO	guardiões, guardiães
REFRÃO	refrões, refrãos
SULTÃO	sultãos, sultões
VERÃO	verãos, verões
VILÃO	vilãos, vilões
VULCÃO	vulcãos, vulcões

FONTE: MESQUITA, 1994, P. 170.

- Se os nomes terminarem em *r*, *z*, *n* ou *s* (para esta última terminação, somente os oxítonos ou monossílabos tônicos), acrescentaremos *-es* a essas terminações.

A mulher reivindicou seus direitos.
As mulheres reivindicaram seus direitos.
Que em teu caminho surja a luz.
Que em teu caminho surjam luzes.
O abdômen do homem é mais firme.
Os abdômenes dos homens são mais firmes.
O gás da fábrica é prejudicial à saúde.
Os gases da fábrica são prejudiciais à saúde.

- PORÉM, se os substantivos terminados em s forem paroxítonos ou proparoxítonos, essa terminação continuará a mesma.

O tênis do menino é de boa marca.
Os tênis do menino são de boa marca.

- Não serão flexionados no plural (invariáveis) os substantivos que tenham como terminação a letra *x*.

O Box do carro foi alugado.
Os Box dos carros foram alugados

- Terminações *al, el, ol, ul,* nos nomes, terão a letra *l* trocada por *is,* no plural.

O jornal é distribuído ao amanhecer.
Os jornais são distribuídos ao amanhecer.

- As palavras *mal, cônsul* e *mel* recebem *es* no plural.

| mal – males | mel – meles | cônsul – cônsules |

No entanto, a palavra *real* (moeda) e seus derivados contrariam o acréscimo de *es*, ou seja, formam o plural com *réis*. É importante, ainda, que você saiba que a forma de plural REAIS, como unidade monetária brasileira, foi instituída em julho de 1994.

A terminação *il* dos substantivos oferece dupla flexão. Assim:

- substantivo oxítono, troca-se o *l* por *s*:

canil – canis; fuzil – fuzis

- substantivos paroxítonos tem a terminação *il* trocada por *eis*:

projétil – projéteis; réptil – répteis

Alguns substantivos, que formam o diminutivo com *z*, terão a forma primitiva pluralizada com *s*, e este será assimilado. Veja:

café – cafés – cafezinho   *pé – pés – pezinho*

Particularidades sobre a flexão de número dos substantivos

Há alguns substantivos que são usados apenas no plural:

parabéns	núpcias	cócegas	férias
condolências	fezes	pêsames	víveres

Há outros termos que têm o seu sentido modificado se pluralizados, dependendo, então, do contexto em que são empregados. Exemplos:

O <u>amor</u> ao próximo deve ser realimentado diariamente.
(sentimento)
Nunca fui dado a grandes <u>amores</u>.
(namoro, relações amorosas)
Antigamente a, <u>honra</u> era dom imaculado.
(caráter)
Os donos da casa não fizeram todas as honras ao convidado.
(homenagens)

Plural metafônico

Alguns substantivos, que têm o *o* tônico fechado no singular, ao serem flexionados no plural, terão o timbre desse *o* tônico aberto. Chama-se *metafonia*, portanto, a mudança de timbre de uma vogal.

Quadro 3.3 – Plurais metafônicos

Singular (ô)	Plural (ó)
Aeroporto	Aeroportos
Coro	Coros
Fogo	Fogos
Imposto	Impostos
Porco	Porcos
Socorro	Socorros
Torto	Tortos

Plural dos substantivos compostos

Quando os substantivos compostos não apresentam hífen, eles seguirão as regras de flexão do plural dos substantivos simples. Veja nos exemplos a seguir:

O <u>passatempo</u> de Jonas é o futebol.
Os <u>passatempos</u> de todos eram efêmeros.

Porém, se esses substantivos, em seu processo de composição, NECESSITAM DE HÍFEN, é necessário que sejam observadas algumas normatizações. Vejamos:

- Se os dois elementos são palavras variáveis, os dois serão flexionados no plural.
  Ex.: Às <u>quartas-feiras</u>, tenho minha folga.
  Os <u>boias-frias</u> ainda persistem como mão de obra.
- Se os dois elementos são ligados por preposição, apenas o primeiro é flexionado.
  Ex.: As mulheres adoram águas-de-colônia.
- Se o segundo elemento indicar finalidade ou semelhança em relação ao primeiro, a flexão recai somente no primeiro elemento.
  Ex.: Em cima da mesa havia somente <u>canetas-tinteiro</u>.

Pluraliza-se SOMENTE O SEGUNDO ELEMENTO nos seguintes casos:
  - O primeiro elemento é constituído de verbo.
  Ex.: Os <u>bate-papos</u> foram madrugada adentro;
  - O primeiro elemento da composição é constituído de palavra invariável.
  Ex.: Os <u>vice-reitores</u> foram chamados à assembleia;
  - GRÃO, GRÃ e BEL são os primeiros elementos do composto.

Ex.: *Nada ficará aos bel-prazeres dos outro;*.

- Somente o segundo elemento é flexionado quando o substantivo é formado por repetição de palavras ou onomatopeias.

Exs.: *Os tique-taques do relógio não o deixavam dormir; Os carros trafegavam com os pisca-piscas ligados.*

Algumas particularidades sobre os substantivos compostos

Alguns substantivos compostos possuem mais de uma flexão para formar o plural. Veja no exemplo:

padre-nosso	padre-nossos	padres-nossos
salvo-conduto	salvo-condutos	salvos-condutos
salário-família	salário-famílias	salários-famílias

Há substantivos compostos que se flexionam de forma única; exemplo:

o arco-íris	os arco-íris
o maria vai com as outras	os maria vai com as outras

Grau dos substantivos

Quando queremos determinar a ideia de aumento ou diminuição de tamanho, dizemos que a flexão do substantivo se dá em grau. Nessa flexão, o substantivo poderá ter duas formas: a SINTÉTICA e a ANALÍTICA.

No grau SINTÉTICO, a formação se dá pelo acréscimo de sufixos. Os quais indicarão o grau normal, o diminutivo e o aumentativo.

Quadro 3.4 – *Grau sintético dos substantivos*

GRAU NORMAL	DIMINUTIVO	AUMENTATIVO
copo	cop*inho*	cop*ázio*
casa	cas*inha*	casa*rão*
pobre	pobre*zinho*	pobre*tão*

No grau ANALÍTICO, a formação se dá pelo acréscimo de adjetivos denotadores de aumento ou diminuição.

Quadro 3.5 – *Grau analítico dos substantivos*

GRAU NORMAL	DIMINUTIVO	AUMENTATIVO
copo	copo *pequeno*	copo *grande*
casa	casa *pequena*	casa *grande*
chapéu	chapéu *pequeno*	chapéu *grande*

Atividades

1. As frases a seguir foram retiradas da revista *Superinteressante* (2006, p. 26, 42, 50), sem os artigos definidos ou indefinidos. Leia-as e, em seguida, assinale a alternativa que completa corretamente as lacunas.

   1. .... máquina mais complexa do Universo está na sua cabeça.
   2. .... câncer tem cura. Se .... paciente tomar remédios, ... doença pode estacionar.
   3. .... espanhol e .... neozelandês saíram de casa com .... aparelho de GPS e .... pedaço de pão.

a. o, a, o, o, im, uma, um, um.
b. a, o, o, a, um, um, um, um.
c. um, um, o, a, o, o, um, um.
d. o, a, um, o, o, um, um, um.

2. Assinale a alternativa que apresenta ERRO quanto ao uso do artigo.
   a. As crianças não gostam de ir à escola.
   b. As praias mais famosas estão no litoral nordestino.
   c. Essas são as cortinas as mais caras da loja.
   d. A torta de aniversário não custou caro.

3. Leia o texto a seguir, de Sgarioni (2006, p. 54) e, em seguida, responda à questão proposta:

[...] Outro *benefício* decorrente de ter *amigos* é manter a saúde em ordem. De acordo com o *psicólogo* social David Myers, professor da Faculdade de Hope, nos EUA, as *pessoas* que têm *amizades* próximas ou são ligadas à sua comunidade (seja de colegas de trabalho, de religião ou de organizações por causas comuns) têm menos possibilidades de morrer prematuramente, se comparadas àquelas que têm poucos laços sociais. E perder esses laços aumenta o *risco* de ficar doente. "amizade libera substâncias hormonais no cérebro que favorecem a *alegria* de viver e o bem-estar", diz Roque Theophilo, *presidente* da Academia Brasileira de Tecnologia.

As palavras que destacamos, no que se refere ao gênero, recebem diversas classificações. Marque a alternativa que corresponde à sequência classificatória desses substantivos: *benefício, amigos, psicólogo, pessoas, amizades, risco, alegria, presidente.*

a. 2 sobrecomuns, 1 biforme, 2 sobrecomuns, 1 feminino, 1 comum de dois.
b. 1 sobrecomum, 2 biformes, 3 sobrecomuns, 1 feminino, 1 comum de dois.
c. 1 comum de dois, 2 sobrecomuns, 1 biforme, 3 sobrecomuns, 1 feminino.
d. 1 feminino, 1 comum de dois, 2 sobrecomuns, 1 biforme, 3 sobrecomuns.

(4)

Adjetivos

Adriana Lemes é licenciada em Letras (Português e Literatura de Língua Portuguesa) pela Universidade do Vale do Rio dos Sinos (Unisinos) especialista em Ensino de Língua Portuguesa pela Pontifícia Universidade Católica do Rio Grande do Sul (PUCRS) e mestre em Estudos Culturais em Educação pela Universidade Luterana do Brasil (Ulbra).

Adriana Lemes

<u>N</u>este capítulo, veremos que, além do artigo, outra classe gramatical que se liga ao substantivo é o adjetivo. Veremos, também, como os adjetivos podem ser identificados, classificados, flexionados e quais são seus usos e empregos.

Leia o texto a seguir[a], observando o emprego das palavras destacadas.

... *e foi assim que a tímida Anita tornou-se a poderosa proprietária de uma conhecida rede de lojas cujos lucros, sem limites, em nada mudaram sua pacata, triste e solitária vida.*
Até aquele dia, inesquecível, em que conheceu o maior amor de sua vida. Com seu riso fácil, infantil, corpo escultural, olhar sedutor e sotaque carioca, seria o pivô do comentadíssimo crime passional da oportunista imprensa sensacionalista.

Podemos completar, com as palavras destacadas, as duas colunas a seguir:

Palavras que dão nomes às coisas, aos seres	Palavras que indicam qualidades, características, estados, atributos das coisas e dos seres
Anita	tímida poderosa proprietária
rede	conhecida de lojas
lucros	sem limites
vida	pacata triste solitária
dia	inesquecível
amor	maior de sua vida

(continua)

---

a. Texto elaborado pela autora do capítulo para este livro.

(conclusão)

Palavras que dão nomes às coisas, aos seres	Palavras que indicam qualidades, características, estados, atributos das coisas e dos seres
riso	fácil infantil
corpo	escultural
olhar	sedutor
sotaque	carioca
crime	comentadíssimo passional
imprensa	oportunista sensacionalista

De acordo com o que foi visto no capítulo anterior, as palavras da primeira coluna são denominadas *substantivos*. As palavras da segunda coluna, por se referirem a eles, acompanhando-os, determinando-os, modificando-os, dando-lhes características, qualidades, indicando-lhes lugar de origem, são chamadas *adjetivos*.

Vejamos algumas definições para adjetivos:

- Adjetivo é a palavra variável que modifica a compreensão do substantivo, atribuindo-lhe uma qualidade, um estado, um modo de ser, um aspecto ou uma aparência exterior (Mesquita, 1996, p. 181).
- Adjetivo é a palavra variável que expressa característica, qualidade, defeito, aparência, estado dos seres. Portanto, o adjetivo modifica sempre o substantivo (Faraco; Moura, 1996, p. 169).

(4.1)

Classificação

Quanto à classificação, os adjetivos podem ser:

- PRIMITIVOS: não derivam de outra palavra.
  Ex.: *triste, fácil*;
- DERIVADOS: gerados a partir de outras palavras (substantivos, verbos ou outros adjetivos).
  Ex.: *tristonho, poderosa, oportunista*;
- SIMPLES: formados por um só elemento.
  Ex.: *escultural, sedutor*;
- COMPOSTOS: formados por dois ou mais elementos.
  Ex.: *azul-claro, surdo-mudo, luso-brasileiro*;
- PÁTRIOS OU GENTÍLICOS: indicam nacionalidade ou lugar de origem.
  Ex.: (sotaque) *carioca*.

Locuções adjetivas

É comum o uso de expressões formadas por mais de uma palavra para caracterizar o substantivo. A essas expressões, equivalentes a adjetivos, chamamos *locuções adjetivas*.
Ex.: *rede de lojas; lucros sem limites; amor de sua vida.*

Essas locuções podem ser formadas por:

- preposição + substantivo (caso mais comum)
  Ex.: *rede de lojas; lucros sem limites; amor de sua vida.*
- preposição + advérbio
  Ex.: *andar de cima; porta da frente; jornal da tarde; patas de trás.*
- Outros exemplos: *floresta a perder de vista, rapaz sem-vergonha, produtos de primeira, desculpa sem pés nem cabeça.*

Para muitas locuções adjetivas, há um adjetivo correspondente, porém nem todas podem ser substituídas, conforme demostramos no Quadro 4.1.

Quadro 4.1 – Locuções adjetivos

lucros sem limites	lucros ilimitados
homem sem capacidade	homem incapaz
material de escola	material escolar
amor de mãe	amor materno
amor da sua vida	Ø
meninos de rua	Ø
aula de português	Ø
dia de jogo	Ø

Adjetivos eruditos

Muitos adjetivos eruditos, significando "relativo(a) a", "próprio(a) de", "semelhante a", "da cor de", equivalem a locuções adjetivas. Por vezes, por possuírem radicais latinos, cujo significado não é de fácil reconhecimento para os falantes, pois são pouco utilizados, como, por exemplo:

catedral ebúrnea (de marfim);
nariz aquilino (semelhante ao bico da águia);
bola ígnea (de fogo);
cor plúmbea (de chumbo).

(4.2)

Flexão dos adjetivos

Os adjetivos podem variar em gênero, número e grau.

Gênero

Quanto ao gênero, os adjetivos SIMPLES podem ser uniformes ou biformes.

- UNIFORMES: apresentam uma só forma para indicar gênero masculino e feminino.
  Ex.: a vida triste; o dia triste.
- BIFORMES: apresentam uma forma para gênero masculino e outra para o feminino.
  Ex.: Anita tímida, poderosa; Francisco tímido, poderoso.

Quanto ao gênero, nos adjetivos COMPOSTOS, apenas o último elemento assume a forma feminina.

Ex.: guerra ibero-americana; festa cívico-religiosa; saia verde-escura.

> A única EXCEÇÃO é o adjetivo SURDO-MUDO, pois assume a forma feminina para os dois elementos: "moça surda-muda".

Número

Os adjetivos SIMPLES ficam no singular ou no plural, concordando com o substantivo a que se referem.

Ex.: rede conhecida – redes conhecidas; dia inesquecível – dias inesquecíveis; corpo escultural – corpos esculturais.

Nos adjetivos COMPOSTOS, assim como na flexão de gênero, apenas o último elemento vai para o plural.

Ex.: situação socioeconômica – situações socioeconômicas.

Veja a seguir algumas EXCEÇÕES.

- O adjetivo SURDO-MUDO, como na flexão de gênero, flexiona os dois elementos.
  Ex.: *surdo-mudo; surdos-mudos.*
- São INVARIÁVEIS:
  - os adjetivos referentes a cores, quando o segundo elemento da composição é um substantivo.
    Ex.: *blusas azul-pavão; portas branco-gelo; bandeira verde-esmeralda.*
  - os adjetivos AZUL-MARINHO e AZUL-CELESTE.
    Ex.: *roupas azul-marinho; tintas azul-celeste.*

Grau

A qualidade de um ser pode variar em intensidade. Para expressar essa intensidade, o adjetivo pode ser usado no grau COMPARATIVO ou no grau SUPERLATIVO.

- GRAU COMPARATIVO: por meio de COMPARAÇÃO, podemos indicar que um dos elementos comparados é SUPERIOR, INFERIOR ou IGUAL ao outro.

Anita era mais poderosa que sua irmã.
Anita era menos poderosa que sua irmã.
Anita era tão poderosa quanto sua irmã.

Um mesmo ser pode, também, ter suas características comparadas.

O namorado era mais interesseiro que romântico.
O namorado era menos inteligente que galanteador.
O namorado era tão descuidado quanto inexperiente.

Dessa forma, podemos dizer que o grau comparativo pode estabelecer *superioridade* (mais... que, mais... do que); *inferioridade* (menos... que; menos... do que) ou *igualdade* (tão... quanto; tão... como; tanto... quanto; tanto... como).

- GRAU SUPERLATIVO: nesse caso, não há elementos a serem comparados, mas um grau mais intenso da característica dada ao substantivo. Os adjetivos podem aparecer no grau SUPERLATIVO, que se divide em ABSOLUTO e RELATIVO.

O grau superlativo absoluto divide-se em analítico e sintético.

Grau superlativo absoluto

Quadro 4.2 – *Grau superlativo absoluto*

ANALÍTICO	SINTÉTICO
O adjetivo é modificado por um advérbio.	Há acréscimo de sufixo ao adjetivo.
Ex.: Anita é *muito* poderosa.	Ex.: Anita é *poderosíssima*.

O grau superlativo relativo, por sua vez, pode dividir-se em de inferioridade e de superioridade.

Grau superlativo relativo

Quadro 4.3 – *Grau superlativo relativo*

DE SUPERIORIDADE	DE INFERIORIDADE
O adjetivo expressa a qualidade em seu grau superior mais intenso.	O adjetivo expressa a qualidade em seu grau inferior mais intenso.
Ex.: Anita é a mulher *mais* poderosa da cidade.	Ex.: Anita é a mulher *menos* amada da cidade.

Existem alguns adjetivos que apresentam formas especiais para o comparativo e o superlativo. São eles os vocábulos: *bom, mau, pequeno* e *grande*.

Quadro 4.4 – *Adjetivos de formas especiais*

ADJETIVO	COMPARATIVO DE SUPERIORIDADE	SUPERLATIVO ABSOLUTO	SUPERLATIVO RELATIVO
bom	melhor	ótimo	o melhor
mau	pior	péssimo	o pior
pequeno	menor	mínimo	o menor
grande	maior	máximo	o maior

Particularidades do adjetivo

Existem outros recursos para indicar o SUPERLATIVO:

- através da prefixação:
  Ex.: *Um brasileiro multimilionário foi reconhecido fora daqui.*
- através da repetição do adjetivo:
  Ex.: *Sua vida era triste, triste.*
- com o auxílio de certas expressões da língua coloquial:
  Ex.: *Ela era podre de rica; Ele era lindo de morrer; Ela sofreu à beça.*
- com uma entonação mais enfática no artigo:
  Ex.: *Ele se considerava o bom.*
- através dos sufixos aumentativos e diminutivos:
  Ex.: *Fortão, ele impressionava as mulheres; Ela era feinha.*
- através de determinadas comparações:
  Ex.: *Feia como um dragão e rápida como um trovão.*

(4.3)

Implicações no emprego de alguns adjetivos

O efeito de sentido de alguns adjetivos pode ser afetado de acordo com o emprego que lhes é dado, ou seja, depende da forma como os usamos. Vejamos alguns exemplos:

- A opção entre adjetivo e oração adjetiva é intencional e afeta o sentido. Há diferença entre dizer *"o olhar sedutor"* e *"o olhar que seduz"*.
  No primeiro uso, a impressão é a de que o olhar é sempre sedutor; essa é uma característica inerente ao olhar. No segundo, a ideia é a de que o olhar seduz esporadicamente, em situações determinadas.
- Negar o adjetivo não é o mesmo que afirmar seu antônimo. Dizer: *"meu namorado não é bonito"* não é a mesma coisa que dizer *"meu namorado é feio"*.
  Há, nesses casos, uma gradação decrescente de beleza.
- Há diferença entre a negação do adjetivo e o uso de um antônimo formado por prefixo de negação (*a-, des-, anti-*). O sentido é diferente nos enunciados *"ela não é feliz"* e *"ela é infeliz"*. O primeiro uso é mais brando que o segundo.
- Em muitos casos, o fato de o adjetivo aparecer antes ou depois do substantivo a que se refere pode causar grande diferença no sentido.
  Dizer *"ela é uma pobre mulher"* NÃO É o mesmo que *"ela é uma mulher pobre"*. *Pobre mulher*: mulher sofrida, infeliz, triste, que inspira compaixão, pena. *Mulher pobre*: sem condições financeiras.

Atividades

1. Quanto ao gênero, os adjetivos podem ser uniformes e biformes. Assinale a alternativa que apresenta adjetivos uniformes:
   a. francês, cristão.
   b. feliz, brasileiro.
   c. dengoso, brincalhão.
   d. comum, feliz.

2. Marque as alternativas nas quais o plural dos adjetivos compostos está correto:
   1. cabelos castanho-claros.
   2. saias azuis-celestes.
   3. garotos surdos-mudos.
   4. sapatos azul-marinho.
   5. vestidos verde-musgo.

   Estão corretas as alternativas:
   a. 1, 2, 4, 5.
   b. 2, 3, 4, 5.
   c. 1, 3, 4, 5.
   d. apenas 3 e 4.
   e. Todas estão corretas.

3. Assinale a alternativa na qual o adjetivo está flexionado no grau superlativo absoluto sintético:
   a. O aluno é tão inteligente quanto sua irmã.
   b. Esse aluno é o mais inteligente da sala.
   c. Os suprimentos estão caríssimos.
   d. O candidato é muito influente.

4. A alternativa em que a locução adjetiva não corresponde ao adjetivo dado é:
   a. onírico – de sonho.
   b. filatélico – de folhas.
   c. discente – de aluno.
   d. docente – do professor.

(5)

Pronomes pessoais,
possessivos e demonstrativos

Tania Maria Steigleder da Costa é graduada em Letras (Português) pela Universidade do Vale do Rio dos Sinos (Unisinos), especialista em Administração e Planejamento para Docentes pela Universidade Luterana do Brasil (Ulbra) e doutoranda em Educação, pela Universidad Pontificia de Salamanca – Espanha.

Tania Maria Steigleder da Costa

Você já estudou, em capítulos anteriores, a parte da morfologia que considera as seguintes classes gramaticais: substantivo, artigo e adjetivo. Na sequência dessa abordagem, estudaremos outra importante classe de palavras, o PRONOME, com suas classificações, flexões e empregos.

O pronome pode, assim como o artigo, determinar, referenciar e substituir o substantivo.

Para iniciarmos esse estudo, é importante relembrarmos que, no processo de comunicação, existem três pessoas gramaticais que podem estar presentes, as quais chamamos *pessoas do discurso*:

Quadro 5.1– Pessoas do discurso

	STATUS	SINGULAR	PLURAL
1ª PESSOA	O falante (quem fala)	eu	nós
2ª PESSOA	O ouvinte (com quem se fala)	tu/você	vós/vocês
3ª PESSOA	O assunto (de quem ou de que se fala)	Ele, ela	Eles, elas

Depois de relembrarmos as pessoas do discurso, vamos a definição de pronome: para Cegalla (1998, p. 170), "pronomes são palavras que representam os nomes dos seres ou os determinam, indicando a pessoa do discurso".

Os pronomes podem assumir duas funções diferentes, de acordo com o fato de estarem substituindo ou acompanhando um substantivo. Assim, temos o pronome substantivo e o pronome adjetivo.

- PRONOME SUBSTANTIVO: o que SUBSTITUI um substantivo.
  Ex.: <u>Todos</u> somos responsáveis pelo bem comum.
- PRONOME ADJETIVO: o que ACOMPANHA um substantivo, determinando-o.
  Ex.: <u>Todo</u> homem é responsável pelo bem comum.

Leia o texto[a] que segue, observando as palavras destacadas.

A natureza é uma fonte inesgotável de prazer. Ela <u>se</u> oferece graciosamente a <u>nós</u>, de modo democrático, e <u>suas</u> diferentes formas

---

a. Texto elaborado pela autora do capítulo para este livro.

de beleza agradam a todos os gostos. Há quem prefira o mar. Ah, o mar... Imensidão verde, desperta reflexões acerca dos mistérios que nele se escondem. Outros se fascinam com outro tipo de verde: o das matas, igualmente reveladoras de riquezas muitas vezes ainda inexploradas. E há aqueles que se enlevam a observar os caprichos naturais das baías, enseadas, planícies, montanhas. Em qualquer dos casos, o resultado é sempre o mesmo: o de encantamento e fascinação, que elevam o espírito e acalmam a alma. Quem não precisa disso?

As palavras destacadas (ela, se, nós, suas, que, outro, aqueles, o mesmo, quem) são PRONOMES:

- ELA: representa o nome "natureza", substituindo-o;
- SE: representa o nome "natureza", retomando-o reflexivamente;
- NÓS: representa os nomes de todas as pessoas a quem a natureza se oferece;
- SUAS: representa o nome "natureza", indicando posse;
- QUE: representa o nome "mistérios", retomando-o;
- OUTRO: refere-se aos tipos de verde, dando uma ideia vaga, imprecisa;
- AQUELES: representa os nomes das pessoas que têm outra preferência;
- O MESMO: representa o tipo de resultado ante as diversas formas de beleza;
- QUEM: representa os nomes das pessoas sobre as quais se faz uma indagação.

Os pronomes podem receber diferentes classificações, como veremos a seguir, de acordo com a representação que fazem.

(5.1)
Classificações dos pronomes

São seis as classificações dos pronomes na nossa língua: PESSOAIS, POSSESSIVOS, DEMONSTRATIVOS, INDEFINIDOS, RELATIVOS E INTERROGATIVOS. Neste capítulo, estudaremos os três primeiros: pessoais, possessivos e demonstrativos.

Pronomes pessoais

Os pronomes pessoais são aqueles que usamos para SUBSTITUIR OS NOMES. Por essa razão, são sempre PRONOMES SUBSTANTIVOS, representando as três pessoas do discurso: o falante, o ouvinte e o assunto.

De acordo com a função que esses pronomes exercem na oração, classificam-se em *retos* ou *oblíquos*.

- PRONOMES PESSOAIS RETOS: aqueles que exercem função sintática de SUJEITO da oração. São, também, os usados na conjugação dos verbos.
- PRONOMES PESSOAIS OBLÍQUOS: aqueles que exercem função sintática de COMPLEMENTO na oração.

Quadro 5.2 – *Pronomes pessoais*

PESSOAS DO DISCURSO	PRONOMES RETOS	PRONOMES OBLÍQUOS
1ª pessoa do singular	Eu	me, mim, comigo
2ª pessoa do singular	Tu	te, ti, contigo
3ª pessoa do singular	ele, ela	se, si, consigo, lhe, o, a

(continua)

(Quadro 5.2 – conclusão)

Pessoas do discurso	Pronomes retos	Pronomes oblíquos
1ª pessoa do plural	Nós	nos, conosco
2ª pessoa do plural	Vós	vos, convosco
3ª pessoa do plural	eles, elas	se, si, consigo, lhes, os, as

Fonte: Cegalla, 1998, p. 171.

Assim, podemos dizer *"eu alcancei bons resultados nas provas"*. *"Eu"*: sujeito do verbo "alcancei".

Todavia, não podemos dizer *"a turma alcançou eu na esquina"*. *Eu*, como complemento do verbo, deve apresentar-se na forma oblíqua correspondente à 1ª pessoa do singular: *"A turma alcançou-me na esquina"*.

Quanto à tonicidade, os pronomes oblíquos monossilábicos podem ser classificado em tônicos ou átonos, como você pode ver nos Quadro 5.3 e 5.4.

Quadro 5.3 – Pronomes oblíquos átonos

	Singular	Plural
1ª pessoa	me	nos
2ª pessoa	te	vos
3ª pessoa	se, o, a, lhe	se, os, as, lhes

Quadro 5.4 – Pronomes oblíquos tônicos

	Singular	Plural
1ª pessoa	mim	nós
2ª pessoa	ti	vós
3ª pessoa	si, ele, ela	si, eles, elas

Peculiaridades no emprego dos pronomes pessoais oblíquos

No caso dos PRONOMES OBLÍQUOS TÔNICOS, devemos observar que são regidos por uma preposição essencial. Assim, as construções com esses pronomes seriam, por exemplo: *para mim; de ti; a ele; em si; sem nós; contra vós; com elas;* em que eles não se comportariam como sujeito da oração, mas sim como complemento. Veja nos exemplos:

Todos olharam para mim
(para mim = objeto indireto).

Estávamos falando de ti
(de ti = objeto indireto).

O documento referiu-se a ele
(a ele = objeto indireto).

Os pais sempre pensam nos filhos, nunca (pensam) em si
(em si = objeto indireto).

Não saiam daqui sem nós
(sem nós = adjunto adverbial).

Lutaremos contra vós nos tribunais
(contra vós = adjunto adverbial).

Distraiu-se com elas durante as férias
(com elas = adjunto adverbial).

Podemos verificar, também, que os PRONOMES PESSOAIS OBLÍQUOS átonos *me, te, nos* e *vos* podem exercer diferentes funções sintáticas:

- De OBJETO DIRETO: se estiverem complementando verbo transitivo direto.
  Ex.: *Vocês me admitem em seu grupo?* (o verbo *admitir* não pede preposição, é transitivo direto: me = eu);
- De OBJETO INDIRETO: se estiverem complementando verbo transitivo indireto.
  Ex.: *Vocês poderão assistir-me quando estiver apresentando o trabalho de português* (assistir pede a preposição *a* se tiver o sentido de "presenciar": é transitivo indireto: me = a mim).
- Já os pronomes *o, a, os, as* só podem exercer a função de objeto direto.
  Ex.: *Trouxe-o comigo para a aula* (o verbo trazer é transitivo direto, não pede preposição: o = ele).
- E os pronomes *lhe, lhes* só podem exercer a função de objeto indireto.
  Ex.: *Obedeceu-lhes conforme haviam combinado* (o verbo obedecer é transitivo indireto, pedindo objeto indireto: lhes = a eles).

Podemos destacar, ainda, que os pronomes oblíquos átonos *o, a, os, as* sofrem adaptações gráficas e fonéticas quando:

- Associados a verbos terminados em *r, s* ou *z*: assumem as formas *lo, la, los, las*, e as consoantes finais dos verbos desaparecem. Veja no exemplo:

Você vai trazê-la para a sala de aula?
(trazer + a)

Algumas pessoas precisam de ajuda! Ajudemo-las, pois.
(ajudemos + as)

Como estava na hora, a secretária fê-los entrar.
(fez + os)

- Associados a verbos terminados em som nasal (*am, em, ão, õe*), assumem as formas *no, na, nos, nas*, sem alteração no verbo. Veja o exemplo:

Trouxeram-<u>no</u> para esta sala.
(trouxeram + o)

É preciso ajudarem-<u>nas</u> a resolver esta situação.
(ajudarem + as)

Trata-se de uma boa ideia, por isso dão-<u>na</u> a todos os interessados.
(dão + a)

Este livro é meu, põe-<u>no</u> aqui, por favor.
(põe + o)

Observe que esses empregos não são de uso corrente na linguagem coloquial; restringem-se à língua-padrão, regida pelas normas gramaticais, especialmente na modalidade escrita.

Alguns pronomes pessoais oblíquos podem exercer função reflexiva, ou seja, a ação verbal realizada pelo sujeito reflete-se sobre ele próprio. Exemplo:

Com essas belezas naturais, nós <u>nos</u> conscientizamos de que é preciso preservar o planeta.

O sujeito *nós* realiza a ação verbal de conscientizar, e essa ação reflete-se sobre ele próprio: conscientizamos a nós mesmos.

Outros exemplos:

Ele <u>se</u> feriu ao manusear os equipamentos;
Eu <u>me</u> penteei cuidadosamente;

Pensei comigo mesma em voltar;
Falou a verdade para si mesmo.

> Exceto os pronomes oblíquos O, A, OS, AS, LHE, LHES, todos os outros poderão ser reflexivos, de acordo com o contexto.

Outro destaque importante no emprego desses pronomes é que as formas *si* e *consigo* sempre são reflexivas. Desse modo, não devem ser empregadas, por exemplo, em construções do tipo:

Eu vou sair consigo hoje.
1ª PESSOA   3ª PESSOA

Nós gostamos muito de si, professora.
1ª PESSOA   3ª PESSOA

O correto, nesses casos, seria:

Eu vou sair com você hoje.
Nós gostamos muito da senhora, professora.

Pronomes de tratamento

Os pronomes de tratamento têm valor de pronome pessoal e designam a pessoa com quem se fala, ou seja, a segunda pessoa do discurso. Todavia, sua concordância se dá na terceira pessoa, o que pode provocar alguma dificuldade em seu emprego. Esse é o caso do pronome VOCÊ, que corresponde à segunda pessoa (com quem se fala), mas o verbo é conjugado na terceira pessoa.

Você viajará nas férias?

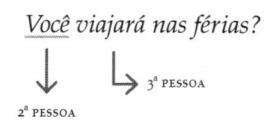

↓   ↳ 3ª PESSOA

2ª PESSOA

São, também, pronomes de tratamento bastante usados em nosso dia a dia e que têm valor genérico: *senhor, senhora, senhorita*. Além deles, no Quadro 5.5 apresentamos outros pronomes de tratamento que são específicos para determinados interlocutores.

Quadro 5.5 – *Exemplos de pronomes de tratamento*

PRONOME	FORMA ABREVIADA	A QUEM SE DIRIGE
Vossa Senhoria	V. Sª.	Pessoas de cerimônia
Vossa Excelência	V. Exª.	Altas autoridades
Vossa Alteza	V. A.	Arquiduques e príncipes
Vossa Santidade	V. S.	Papa
Vossa Eminência	V. Emª.	Cardeais
Vossa Magnificência	V. Magª.	Reitores de universidades
Vossa Majestade	V. M.	Reis e imperadores

A respeito do emprego desse tipo de pronome, devemos observar que:

- a expressão de tratamento dirigida ao presidente da República não deve ser abreviada, por uma questão de respeito com o mais alto cargo da nação;
- há flexão de número: pelo acréscimo de *s*, se a expressão tiver o *a*, como em *V. Sª*. (*V. Sªs*.); pela duplicação das

letras maiúsculas, se não houver o *a*, como em *V. M.* (*VV. MM.*);

- ao nos DIRIGIRMOS à pessoa, devemos empregar o pronome VOSSA, como na frase: *Já encaminhamos à Vossa Senhoria o pedido de material.*
- se, todavia, nos REFERIRMOS à pessoa, empregaremos o pronome SUA, como na frase: *Afirmo-lhe, senhor prefeito, que já encaminhei o pedido de material para Sua Senhoria, o presidente da Câmara de Vereadores.*

Pronomes possessivos

Pronome possessivo é a palavra que, indicando a pessoa do discurso, atribui a ela a ideia de posse sobre algo. Assim, no contexto em que é usado, esse pronome esclarece:

- a pessoa gramatical que é possuidora de algo;
- a coisa possuída por essa pessoa.

Vejamos, em um texto[b], como isso acontece:

Amigos

Amigos são pessoas que enriquecem nossa vida. Com sua contribuição, nosso tempo é valorizado, as experiências se somam e os ganhos são multiplicados. Quem já não se beneficiou por ter um amigo? Trabalho, escola, família, vida social, enfim, em cada uma dessas áreas seu apoio nos acompanha... Diz mais ou menos assim uma conhecida frase, não se sabe a quem atribuída, que "amigo não é aquele que apenas ri conosco, mas sim aquele que nos oferece o ombro para que possamos chorar".

---

b. Texto elaborado pela autora do capítulo para este livro.

Você deve ter percebido que as palavras *nossa, sua* e *seu* foram destacadas. Ao analisá-las, notamos que:

- NOSSA refere-se à pessoa gramatical (1ª do plural); à coisa possuída (vida); ao possuidor (nós, os eleitores);
- SUA refere-se à pessoa gramatical (3ª do singular); à coisa possuída (contribuição); ao possuidor (amigos);
- SEU refere-se à pessoa gramatical (3ª do singular); à coisa possuída (apoio); ao possuidor (amigo).

Veja, no Quadro 5.6, a relação dos pronomes possessivos.

Quadro 5.6 – Pronomes possessivos

MASCULINOS		FEMININOS	
SINGULAR	PLURAL	SINGULAR	PLURAL
meu	meus	minha	minhas
teu	teus	tua	tuas
seu	seus	sua	suas
nosso	nossos	nossa	nossas
vosso	vossos	vossa	vossas
seu	seus	sua	suas

Emprego dos possessivos

- Concordam, em pessoa, com o possuidor.
  Ex.: <u>Eu</u> tenho <u>minhas</u> dúvidas (possuidor: *eu*, 1ª pessoa gramatical; por isso, *minhas*, também na 1ª pessoa gramatical).
- Concordam, em gênero e número, com o objeto possuído.

Ex.: *Estes são meus amigos de muito tempo* (objeto possuído: *amigos* – masculino/plural; por isso, *meus* – masculino/plural).
- Pronomes de tratamento recebem possessivo na 3ª pessoa.
Ex.: *Cumprimentamos Vossa Senhoria pela passagem de seu aniversário.*

> Embora VOSSA SENHORIA seja pronome de tratamento da 2ª pessoa do plural, o possessivo fica na 3ª pessoa.

Além de expressar a ideia de posse, em casos especiais os pronomes possessivos podem, também, significar:

- afetividade: *Apreciei seu texto, meu caro;*
- cálculo aproximado: *Quando conheci o Rio de Janeiro, tinha meus 20 anos;*
- familiaridade: *Os nossos jovens podem ser inconsequentes, às vezes;*
- o mesmo que o indefinido ALGUM: *Todo homem passa por suas dificuldades;*
- em referência a partes do próprio corpo, é comum omitir-se o possessivo, assim: *Bati a cabeça no vidro*, e não *Bati minha cabeça no vidro.*

Como os possessivos de 3ª pessoa são os mesmos, tanto na indicação de um possuidor quanto na de mais de um, seu emprego pode ocasionar ambiguidade, como afirmam Nicola e Infante (1997, p. 201):

João e Maria gritaram quando a bala raspou em sua cabeça.
DE JOÃO OU DE MARIA?

O emprego do possessivo de 3ª pessoa pode, ainda, provocar ambiguidade ao texto, principalmente se a construção apresentar mais de uma terceira pessoa. Vejamos:

O professor conversou com o aluno sobre sua situação.
DO PROFESSOR OU DO ALUNO?

Pronomes demonstrativos

Cipro Neto e Infante (1998, p. 289) fazem a seguinte definição: "Os pronomes demonstrativos indicam a posição dos seres designados em relação às pessoas do discurso, situando-as no espaço, no tempo ou no próprio discurso".

As formas como esses pronomes se apresentam podem variar em gênero e em número e há, ainda, formas invariáveis. Você pode vê-los no exemplo do Quadro 5.7.

Emprego dos demonstrativos

Com relação ao ESPAÇO, os pronomes demonstrativos indicam três situações relacionadas com a proximidade, ou distanciamento, tanto do falante quanto do ouvinte.

- Proximidade do falante (formas da primeira pessoa).
  Ex.: *Esta caneta que uso é de estimação.*
- Proximidade do ouvinte (formas da segunda pessoa).
  Ex.: *Esse livro que você lê é de qual autor?*
- Distanciamento tanto do falante quanto do ouvinte (formas da terceira pessoa). Ex.: *Aquelas nuvens parecem de chuva!*

Referindo-se a TEMPO, os demonstrativos expressam três possibilidades em relação ao período da ocorrência ou condição.

- Presente (formas da primeira pessoa). Ex.: *Este dia parece tão curto!*
- Passado ou futuro próximos (formas da segunda pessoa). Ex.: *Estive adoentado nesses dias.*

Quadro 5.7 – Pronomes demonstrativos

PRONOME DEMONSTRATIVO	PESSOA	ESPAÇO	TEMPO
Este Esta Isto	1ª (eu, nós) FALANTE Isto é meu.	Situação próxima AQUI Este bule é de prata.	Presente Este veraneio está ótimo.
Esse Essa Isso	2ª (tu, vós, você) OUVINTE Tira esse casaco.	Situação intermediária AÍ Isso aí deverá ser transportado com cuidado.	Passado ou futuro próximo. Há pouco tempo, estive em Canela; nessa ocasião, pude verificar, mais uma vez, a beleza do lugar. Depois de amanhã, Bruna chegará; nesses poucos dias, poderemos mostrar-lhe como ficou a reforma da casa.
Aquele Aquela Aquilo	3ª (ele, eles) ASSUNTO Aquele sujeito é teimoso.	Situação distante ALI, LÁ Trouxemos aquela bagagem toda.	Passado remoto Naquele tempo, não havia os perigos que há hoje.

FONTE: MARTINS; ZILBERKNOP, 2001, P. 522.

- Passado remoto (formas da terceira pessoa). Ex.: <u>Naqueles</u> dias, o mundo era diferente.

Quanto à referência no DISCURSO, os demonstrativos apresentam variações em relação à pessoa.

- Formas na primeira pessoa quando se referem a algo ainda não mencionado.
Ex.: <u>Estas</u> são minhas preferências: leitura e viagens.
- Formas da segunda pessoa quando se referem a algo já mencionado.
Ex.: Leitura e viagens: <u>essas</u> são minhas preferências.
- Quando há mais de um elemento citado, empregamos a forma da primeira pessoa para o mais próximo e a forma da terceira pessoa para o mais distante.
Ex.: Aprecio Machado e Quintana: <u>este</u>, pelas belas poesias; <u>aquele</u>, pelos famosos romances.

De acordo com Almeida (1997, p. 185), "em lugar de ESSE emprega-se ESTE, para referir-se, em confronto com outras, a coisa mais presente, mais do momento, mais à mão, embora já apresentada, já conhecida: 'Não foi ESTE o livro que mandei comprar'".

Os pronomes demonstrativos podem contrair-se com as preposições *a, de, em,* como no exemplo que segue.

Alguém já fizera referência <u>àquele</u> fato.
A + AQUELE

<u>Outros pronomes demonstrativos</u>

As partículas *o, a,* bem como as palavras *tal, mesmo, próprio, semelhante,* com todas as suas flexões, podem desempenhar papel de pronome demonstrativo, por exemplo:

- O, A, OS, AS: quando puderem ser substituídos por *isto, isso, aquilo, aquele, aqueles, aquela, aquelas*. Vejamos duas construções possíveis:

Ainda não foi feito o pedido; é necessário, então, que o façamos.
_{ISSO}

Nunca se sabe o que está por vir.
_{AQUILO}

- TAL, TAIS: quando têm sentido aproximado ao dos pronomes demonstrativos já estudados ou de *semelhante*, é também considerado como um deles. Por exemplo:

Ninguém esperava que a autoridade pudesse ter tal atitude.
_{ESSA}

- SEMELHANTE, SEMELHANTES: quando equivalerem a *tal*, são pronomes demonstrativos, como na frase:

A comunidade não contava com semelhante auxílio.
_{TAL}

- MESMO, MESMA, MESMOS, MESMAS, PRÓPRIO, PRÓPRIA, PRÓPRIOS, PRÓPRIAS: são pronomes demonstrativos quando têm sentido de *idêntico, em pessoa*. Vejamos os exemplos:

As mesmas questões estão sendo apresentadas.
_{IDÊNTICAS}

Eles próprios realizaram a prova.
_{EM PESSOA}

- O QUÊ: Cegalla (1998, p. 174) defende que a expressão o quê, "salvo melhor interpretação, é pronome demonstrativo em frases como: '*O médico examinou minuciosamente* o enfermo; após o quê, prescreveu-lhe repouso absoluto' [o quê = isso] (grifo nosso)".

Atividades

1. Leia o texto a seguir e marque a alternativa que contém os pronomes adequados para completar as lacunas:

As belezas naturais

.... já .... deteve para observar as belezas do lugar onde vive? .... criações da natureza, às vezes, passam despercebidas por .... talvez pela proximidade e pela rotina, que .... adormece os sentidos. Quando tiver oportunidade, pare e olhe ao .... redor com atenção. Possivelmente verá coisas .... que nunca havia notado antes: uma árvore em flor, um pássaro canoro, talvez um córrego ou uma montanha majestosa. .... poderá fazer diferença no .... dia!

a. você, se, aquelas, si, lhe, seu, essas, ela, seu.
b. tu, se, estas, ti, te, seu, tais, isto, seu.
c. você, se, essas, nós, nos, seu, tais, isso, seu.
d. ele, se, as, eles, lhes, seu, aquelas, isto, teu.

2. Complete as frases com os pronomes demonstrativos corretos. A seguir, marque a alternativa que os contém, na sequência:

- Meus avós contam hábitos sociais de sua juventude; .... época, os costumes eram completamente diferentes dos de hoje.

- O Carnaval do ano passado foi fantástico! ....
  .... dias, algumas cidades turísticas receberam visitantes de outros países.
- .... é o ideal de muitos jovens: formar-se e constituir família.
- Não temos controle sobre as escolhas dos filhos: .... é a verdade.

a. esta, nesta, este, isso.
b. nessa, nestes, esse, essa.
c. essa, naqueles, este, esta.
d. naquela, nesses, este, essa.

3. No texto a seguir, foram assinalados alguns pronomes. Marque a alternativa que contém a sequência correta de sua classificação:

O Brasil é um país de imensas dimensões; <u>sua</u> população, bastante miscigenada, é representativa de muitos povos e raças. Alguns <u>o</u> amam, outros o criticam, e uns tantos não <u>lhe</u> dão o respeito que merece. <u>Esses</u>, felizmente, não são a maioria. Não se pode ignorar <u>o</u> que já foi feito na nossa história, pontuada por atos de patriotismo.

a. possessivo, pessoal oblíquo, pessoal oblíquo, demonstrativo, demonstrativo.
b. pessoal oblíquo, demonstrativo, pessoal reto, demonstrativo, pessoal oblíquo.
c. possessivo, demonstrativo, pessoal oblíquo, possessivo, pessoal oblíquo.
d. demonstrativo, pessoal oblíquo, possessivo, demonstrativo, pessoal reto.

(**6**)

Pronomes relativos,
indefinidos e interrogativos

Tania Maria Steigleder da Costa

Dando continuidade a nossos estudos acerca da classe gramatical denominada PRONOME, neste capítulo abordaremos aqueles classificados como RELATIVOS, INDEFINIDOS e INTERROGATIVOS, observando suas características e peculiaridades no que se refere à flexão, ao uso e às funções que exercem no discurso, de acordo com as normas gramaticais.

(6.1)

Pronomes relativos

Para entendermos o que são pronomes relativos, vejamos o conceito dado a eles por Cegalla (1998, p. 174, grifo nosso): "são palavras que representam nomes já referidos, com os quais estão relacionados. Daí denominarem-se *relativos*"; são sempre pronomes substantivos.

- Esses "nomes já referidos" chamam-se *antecedentes*.
  Ex.: Trouxe <u>os livros que</u> você pediu.

A palavra *que* – pronome relativo – representa a expressão *os livros* – antecedente –, substituindo-a, com o objetivo de evitar sua simples repetição. Seria a mesma coisa que dizer o que está no exemplo que segue: Trouxe <u>os livros, os livros</u> você pediu.

É importante realizar esse mecanismo de substituição, pois é por meio dele que poderemos compreender textos. Vamos demonstrar isso a seguir.

Os pronomes relativos, em português, são classificados como VARIÁVEIS e INVARIÁVEIS. Observe o Quadro 6.1.

Quadro 6.1 – Pronomes relativos (variáveis e invariáveis)

VARIÁVEIS	INVARIÁVEIS
O qual, a qual, os quais, as quais	Que
Cujo, cuja, cujos, cujas	Quem
Quanto, quantos, quanta, quantas	Quando
	Como
	Onde

Vamos analisar, agora, cada um desses pronomes e suas peculiaridades.

Que

Por referir-se indiferentemente a pessoa ou coisa, estando ela no singular ou no plural, é chamado *relativo universal*. Equivale a *o qual*. Ao realizar essa equivalência, *o qual* deverá variar, de acordo com o gênero e o número do antecedente. Vamos a essas possibilidades:

Tenho um amigo virtual QUE *mora na Suécia.*
(... um amigo virtual *o qual*...).
Estes são os documentos QUE *foram solicitados.*
(... os documentos *os quais*...).
Conheço a cidade QUE *apresentou o projeto de reciclagem do lixo.*
(... a cidade *a qual*...).
Você escreveu as mensagens QUE *sua família pediu?*
(... as mensagens *as quais*...)

Quem

Refere-se a pessoa ou a algo personificado; vem sempre antecedido de preposição e equivale a *o qual*:

Aquele é meu professor, A QUEM *dedico grande afeição.*
(...meu professor, AO QUAL...).
Tenho um cãozinho de estimação, DE QUEM *cuido muito.*
(... cãozinho de estimação, DO QUAL...).

O qual, os quais, a qual, as quais

Esses pronomes são sempre relativos e, por essa razão, são usados na equivalência aos relativos *que, quem* e *onde*. Podem referir-se a pessoa ou a coisa e suas flexões de gênero e de número dependem do antecedente, como já vimos no item referente ao "QUE", mas seu emprego é menos usual que o emprego deste último pronome. Devemos observar que podem ser regidos de preposição, conforme o caso.

Este é o material ao qual me refiro
(quem se refere, se refere *a* algo).

Você é uma pessoa da qual tenho saudades
(quem tem saudades, tem saudades *de* alguém).

O bairro no qual moro tem muitas árvores frondosas
(quem mora, mora *em* algum lugar).

Agora trataremos do assunto sobre o qual ficaram dúvidas
(quando ficam dúvidas, ficam dúvidas *sobre* algo).

Cujo, cujos, cuja, cujas

Significam *de que, do qual, de quem* e, de modo geral, estabelecem relação de posse entre o antecedente e o nome que especificam. Precedem sempre um substantivo sem artigo e não admitem, depois de si, qualquer artigo. Vejamos alguns exemplos:

O país necessita de cidadãos cujos valores morais sejam exemplares às novas gerações
(os valores de quem – sentido de posse: os valores são dos cidadãos).

Observe que seria INCORRETA a construção: ...*cujos os valores*...

Necessitamos de homens de cujas atitudes o país possa se orgulhar.
(atitudes *das quais* – sentido de posse: as atitudes são *dos homens*).
Este é o aluno cujo trabalho foi premiado.
(trabalho *que* – sentido de posse: o trabalho é *do aluno*).

Quanto, quantos, quanta, quantas

Caracterizam-se como relativos se forem empregados APÓS as palavras *tudo, tanto, tantos, tanta, tantas, todos, todas.*

Aquilo era tudo quanto ele queria da vida;
Levaremos ao passeio todos quantos se inscreverem;
Lá estarão tantas pessoas quantas forem convidadas.

Onde

Será pronome relativo se tiver equivalência a *em que*. Observe que esse pronome somente pode ser empregado em referência a lugar.

Nas próximas férias, visitarei a cidade onde nasci
(... cidade EM QUE nasci).
A casa onde passei a infância ainda está lá, intacta
(casa EM QUE passei...).

ONDE pode, também, vir precedido de preposição:
O caminho por onde passei estava florido.

Como

Expressa ideia de modo e pode ser substituído por pelo qual, pela qual, pelos quais, pelas quais. Alguns autores de gramáticas não mencionam esse termo como pronome relativo. Cipro Neto e Infante (1998, p. 295), no entanto, aplicam dessa forma palavra *como*, na seguinte condição:

Não aceito a forma como ela tratou você na reunião
(a forma PELA QUAL...).

Quando

Expressa ideia de tempo e equivale a *no momento em que*. Vejamos:

Naquela ocasião, quando nos encontramos, você estava feliz.

(6.2)
Pronomes indefinidos

São palavras que se referem à 3ª pessoa do discurso, indicando-a de modo vago, indeterminado, impreciso. Assim como outros pronomes, também esses admitem flexão.

Quadro 6.2 – Pronomes indefinidos (variáveis e invariáveis)

Variáveis	Invariáveis
Algum, alguns, alguma, algumas, bastante, bastantes, certo, certos, certa, certas, muito, muitos, muita, muitas, nenhum, nenhuma, nenhumas, outro, outros, outra, outras, pouco, poucos, pouca, poucas, qualquer, quaisquer, quanto, quantos, quanta, quantas, tanto, tantos, tanta, tantas, todo, todos, toda, todas, um, uns, uma, umas, vário, vários, vária, várias.	Algo, alguém, algures, alhures, cada, mais, menos, demais, nada, nenhures, ninguém, outrem, tudo.

Peculiaridades dos pronomes indefinidos

A bibliografia aponta, para alguns desses pronomes, a constituição de grupos que criam oposição de sentido, como em:

- algum/nenhum;
- alguém/ninguém;
- tudo/nada;
- muito/pouco.

Segundo Nicola e Infante (1997, p. 205), "em muitos casos, temos não um pronome indefinido, mas um grupo de palavras com o valor de um pronome indefinido". Esses grupos chamam-se *locuções pronominais indefinidas*. Vejamos algumas delas: *quem quer* (que), *cada qual, cada um, todo aquele* (que), *tudo o mais, seja quem for, seja qual for, qualquer um, um ou outro, uma ou outra* etc. Exemplos:

Com aquela notícia, qualquer um ficaria feliz.
Fazia muito frio e apenas um ou outro cliente se arriscava a fazer compras.
Cada qual deve saber como agir em situações de emergência.

Alguns desses pronomes podem confundir-se com advérbios. Para distingui-los, basta verificar a possibilidade de serem flexionados: se isso for possível, são pronomes; caso contrário, são advérbios. Vamos exemplificar:

Tem muito homem com medo da solidão.
Muitos homens têm medo da solidão.

Como houve flexão, tratam-se de PRONOMES.

Estou muito bem nesta disciplina.
Estamos muito bem nesta disciplina.

Como a palavra não flexionou, é um ADVÉRBIO.

Os pronomes *bastante* e *pouco*, conforme o contexto, podem ser advérbios.

Há bastantes pessoas interessadas na vaga de emprego.
Houve flexão, é PRONOME.
Estavam bastante contentes com as vagas que estão abertas.
Não flexionou, é ADVÉRBIO.
Poucos homens entendem o segredo da felicidade.
Houve flexão, é PRONOME.
Alguns pareciam pouco interessados na solução do caso.
Não flexionou, é ADVÉRBIO.

Chamamos de *interrogativos* os pronomes indefinidos que são empregados em construções interrogativas diretas ou indiretas.

No evento que estamos organizando, qualquer pessoa será bem-vinda.

Nesse caso, NÃO seria adequado empregá-lo assim: *Esses homens não têm qualquer direito sobre o imóvel*. O correto seria "...*nenhum direito*..."

Esse pronome indefinido é a única palavra da nossa língua que forma o plural com o acréscimo de *s* no seu interior, e não no seu final: *qualquer – quaisquer*.

(6.3)
Pronomes interrogativos

Chamamos de *interrogativos* os pronomes indefinidos que são empregados em construções interrogativas diretas ou indiretas. Assim como os indefinidos, eles referem-se à 3ª pessoa do discurso. São eles: *quem, que, qual* (e suas flexões), *quanto* (e suas flexões).

Vejamos alguns exemplos:

Quem está preparado para o futuro?
Que dia é hoje?
Você pode me dizer qual o nome desta rua?
Quantos alunos compõem esta turma?

Podemos notar que, nessas frases, os pronomes destacados continuam dando uma ideia indefinida acerca do nome a que se referem; todavia, por estarem fazendo uma interrogação, chamam-se *interrogativos*.

Há, ainda, algumas particularidades importantes nos pronomes interrogativos (Nicola; Infante, 1997, grifo nosso):

> *Podemos formular uma* INTERROGAÇÃO DIRETA *ou uma* INTERROGAÇÃO INDIRETA. *A interrogação direta apresenta a forma típica, com o ponto de interrogação no final:*
> *O professor perguntou: — "*QUEM *será aprovado?"*
> *Já a interrogação indireta se faz da seguinte maneira:*
> *"O professor perguntou* QUEM *seria aprovado."*

Atividades

1. Empregue o pronome relativo, acompanhado ou não de preposição.

   - Divulgaram o resultado .... todos ansiavam.
   - Ninguém sabe .... consistirá o concurso.
   - Existe um documento .... devemos obedecer.
   - Gostei do espetáculo .... assisti.
   - É grande o lucro .... visava.

   Respectivamente, foram empregados:
   a. pelo qual, de que, cujo, que, que.
   b. que, de que, a quem, que, em que.
   c. do qual, por que, a que, ao qual, de que.
   d. pelo qual, de que, ao qual, a que, a que.

2. Aponte a alternativa em que *muito* é pronome indefinido:
   a. Aquele colega se expressa MUITO bem.
   b. MUITO alto discutia o casal.
   c. Havia MUITO brinquedo espalhado.
   d. Eles demoraram MUITO para decidirem.

3. Em apenas uma das alternativas não há pronome INTERROGATIVO. Qual?
   a. A garota que procuramos está aqui?
   b. Não sei qual deles fez o trabalho.
   c. Quem disse isso?
   d. Perguntei a ele quem era aquela moça.

(7)

Numerais e interjeições

Adriana Lemes

Neste capítulo trataremos de duas classes gramaticais muito usadas em nosso dia a dia: OS NUMERAIS e as INTERJEIÇÕES. Vamos iniciar nossos estudos identificando-as em texto, analisando seus conceitos, suas flexões e suas peculiaridades.

(7.1)

Numerais

Leia os textos a seguir, observando o uso dos numerais.

Entre 2002 e 2007, o Brasil foi o país cujo uso de computadores mais aumentou, segundo levantamento do Pew Institute Research. No período, o uso de PCs passou de 22% para 44% da população do país. (PCWORLD, 2007)

Um dos assuntos mais comentados ultimamente é a visita do Papa Bento XVI ao Brasil. Muitos fiéis da Igreja Católica (e de outras religiões também) se prepararam para ver o Papa. O número 1 da Igreja Católica pede para que o povo tenha mais fé, ou renove-a, já que vivemos tempos turbulentos.

O Campeonato Mundial de Corrida de Aventura será uma prova com mais de 500 km, por até 7 dias ininterruptos de competição. Serão 17 países presentes, em um total de 50 equipes qualificadas. A equipe brasileira participa da competição desde 2000. (Solano, 2008)

Fernando Albuquerque é jornalista, chefe de reportagem da Rádio Superior e responsável pela apresentação do PROGRAMA LIVRE, que vai ao ar às quartas, às 15h, e aos sábados às 13h, na Rádio Superior FM 102,9 MHz.

Gratificação Natalina, popularmente conhecida como "13º Salário", é a gratificação a que o servidor faz jus na proporção de 1/12 avos por mês ou fração acima de 15 dias de exercício durante o respectivo ano civil, correspondente ao valor da remuneração percebida em dezembro. É um direito garantido pelo art. 7º da Constituição Federal de 1988. Consiste no pagamento de um salário extra ao trabalhador no final de cada ano. Com a Lei nº 4.090, *de 13 de julho de 1962, foi imposta a todos os empregadores a obrigação de conceder aos seus empregados, no mês de dezembro de cada ano, uma gratificação salarial, independente da remuneração a que fizeram jus.* (Gratificação, 2008)

Os termos destacados nos recortes são numerais usados cotidianamente, nas mais variadas circunstâncias: no registro de horas, de data, de temperatura, de preços, da nossa idade, do nosso endereço e das páginas dos livros, jornais e revistas que lemos.

Diferença entre número e numeral

Um numeral é um símbolo ou grupo de símbolos que representa um número. Os símbolos "21", "vinte e um" e "XXI" são numerais diferentes, representando o mesmo número.

Os numerais expressam quantidade, posição em uma série, multiplicação ou divisão e, por isso, podem ser classificados em:

- CARDINAIS: indicam a quantidade dos seres.
  Ex.: *um, dois, três, dez etc.*

- ORDINAIS: indicam a ordem dos seres.
  Ex.: *primeiro, segundo, terceiro, décimo etc.*

- MULTIPLICATIVOS: indicam a multiplicação dos seres.
  Ex.: *dobro, triplo, quádruplo etc.*

- FRACIONÁRIOS: indicam a divisão dos seres.
  Ex.: *meio, metade, terço etc.*

- COLETIVOS: indicam conjuntos de seres ou coisas.
  Ex.: *dezena, quinzena, dúzia, cento, milhar etc.*

Quadro 7.1 – Representação dos numerais romanos e arábicos

ROMANOS	ARÁBICOS					
	CARDINAIS	ORDINAIS	MULTIPLICATIVOS	FRACIONÁRIOS	COLETIVOS	
I	1	um	primeiro	–	–	–
II	2	dois	segundo	duplo ou dobro	meio ou metade	duo, dueto
III	3	três	terceiro	triplo ou tríplice	terço	trio
IV	4	quatro	quarto	quádruplo	quarto	quarteto
V	5	cinco	quinto	quíntuplo	quinto	quinteto
VI	6	seis	sexto	sêxtuplo	sexto	sexteto
VII	7	sete	sétimo	sétuplo	sétimo	hepteto
VIII	8	oito	oitavo	óctuplo	oitavo	octeto
IX	9	nove	nono	nônuplo	nono	novena
X	10	dez	décimo	décuplo	décimo	dezena, década
XI	11	onze	décimo primeiro ou undécimo	undécuplo	onze avos	–
XII	12	doze	décimo segundo ou duodécimo	duodécuplo	doze avos	dúzia

(continua)

(*Quadro 7.1 – continuação*)

Romanos	Cardinais			Arábicos		
		Ordinais	Multiplicativos	Fracionários	Coletivos
XIII	13	treze	décimo terceiro	–	treze avos	–
XIV	14	quatorze ou catorze	décimo quarto	–	quatorze avos	–
XV	15	quinze	décimo quinto	–	quinze avos	–
XVI	16	dezesseis	décimo sexto	–	dezesseis avos	–
XVII	17	dezessete	décimo sétimo	–	dezessete avos	–
XVIII	18	dezoito	décimo oitavo	–	dezoito avos	–
XIX	19	dezenove	décimo nono	–	dezenove avos	–
XX	20	vinte	vigésimo	–	vinte avos	–
XXI	21	vinte e um	vigésimo primeiro	–	vinte e um avos	–
XXX	30	trinta	trigésimo	–	trinta avos	–
XL	40	quarenta	quadragésimo	–	quarenta avos	–
L	50	cinquenta	quinquagésimo	–	cinquenta avos	–
LX	60	sessenta	sexagésimo	–	sessenta avos	–
LXX	70	setenta	septuagésimo	–	setenta avos	–

(Quadro 7.1 – conclusão)

Romanos	Arábicos				
	Cardinais	Ordinais	Multiplicativos	Fracionários	Coletivos
LXXX	80	oitenta	octogésimo	–	oitenta avos	–
XC	90	noventa	nonagésimo	–	noventa avos	–
C	100	cem	centésimo	cêntuplo	cem avos	centena, cento
CC	200	duzentos	ducentésimo	–	duzentos avos	–
CCC	300	trezentos	tricentésimo ou trecentésimo	–	trezentos avos	–
CD	400	quatrocentos	quadringentésimo	–	quatrocentos avos	–
D	500	quinhentos	quingentésimo	–	quinhentos avos	–
DC	600	seiscentos	seiscentésimo ou sexcentésimo	–	seiscentos avos	–
DCC	700	setecentos	setingentésimo ou septingentésimo	–	setecentos avos	–
DCCC	800	oitocentos	octingentésimo	–	oitocentos avos	–
CM	900	novecentos	nongentésimo ou noningentésimo	–	novecentos avos	–
M	1000	mil	milésimo	–	mil avos	milhar
X̄	10 000	dez mil	dez milésimos	–	dez mil avos	–
C̄	100 000	cem mil	cem milésimos	–	cem mil avos	–
M̄	1 000 000	um milhão	milionésimo	–	milionésimo	–

Confira a flexão de gênero e de número de alguns numerais.

- Os numerais cardinais UM e DOIS e as centenas a partir de DUZENTOS sofrem flexão de gênero.
Ex.: *um brinquedo; uma boneca; duzentos homens; trezentas mulheres.*
- MILHÃO, BILHÃO e TRILHÃO sofrem flexão de número.
Ex.: *um milhão; dois milhões.*
- Os numerais ordinais variam em GÊNERO e NÚMERO.
Ex.: *primeiro; primeiros; primeira; primeiras.*
- Os numerais multiplicativos são invariáveis se usados como substantivos, mas, se usados como adjetivos, sofrem flexão.
Ex.: *Fizeram o dobro do esforço e atingiram o triplo da produção; Pediremos doses triplas da vacina.*
- Os numerais fracionários acompanham a flexão de gênero e número dos numerais cardinais da fração.
Ex.: *um quarto; seis quartos; a quarta parte.*
- Ambos/ambas: são considerados numerais e sofrem flexão de gênero.
Ex.: *ambos os amigos; ambas as amigas.*
- O numeral MEIO concorda em gênero com a fração.
Ex.: *Esvaziou uma garrafa e meia de produto de limpeza; Comeu um bolo e meio; Era meio dia e meia (hora).*

(7.2)
Leitura e emprego dos numerais

Usamos numerais romanos para designar papas, reis, imperadores, séculos e parte de uma obra. Na leitura, utilizamos os ORDINAIS até DÉCIMO e, a partir daí, os cardinais (desde que o numeral apareça depois do substantivo).

João Paulo II (segundo)
Bento XVI (dezesseis)
O XX capítulo (vigésimo)
O capítulo XX (vinte)

Para designar leis, decretos e portarias, utiliza-se o ORDINAL até o nono e o CARDINAL de dez em diante.

Artigo 1º (primeiro)
Artigo 10º (décimo)

Para designar dias do mês, utilizam-se os cardinais, exceto no primeiro, que tradicionalmente é feito pelo ordinal.

Dia primeiro
Dia dois

Peculiaridades sobre os numerais

Dependendo do contexto em que utilizamos os numerais, podemos produzir diferentes efeitos de sentido. Veja os exemplos:

Já lhe disse isso um milhão de vezes!
(Numeral utilizado para reiterar inúmeras vezes.)
O quarentão chegou à festa.
(Modo pejorativo de caracterizar um homem de 40 anos.)
Este artigo é de primeira!
(Refere-se à expressão "primeira qualidade", significando ótima qualidade.)
Bolsa de primeiríssima qualidade.
(Usado com o sufixo "-íssimo", demonstra uma qualidade muito superior.)
Adquiriu uma geladeira de segunda e agora se arrepende.
(Contrário da anterior. Subentende "segunda qualidade", significando qualidade inferior.)
Esse filme é de terceira!
(Intensifica-se a gradação negativa da qualidade, significando péssima qualidade.)
Quase que eu troquei seis por meia dúzia.
(Modo de expressar que houve troca, porém sem mudanças significativas.)
Dou dez pelo trabalho.
(Refere-se à expressão "nota dez", significando que o trabalho está ótimo, merece a nota máxima.)
Essa turma é dez.
(Refere-se, também, à "nota dez", significando que a turma é ótima, só merece elogios.)
Me empresta cinquentinha?
(Forma amena de pedir cinquenta reais emprestados. O diminutivo pode fazer parecer que é pouca quantia, que pode ser emprestada.)
O time já está na segundona.
(Forma pejorativa de afirmar que o time está na "segunda divisão". O aumentativo pode fazer agravar a má classificação do time.)

(7.3)

Interjeições

Leia o texto a seguir:

A mãe recebe amiga em casa quando a filha atende ao telefone na sala.
Por coincidência, a conversa entre as amigas ameniza e evidencia-se a fala da garota:
— Alô... Oiiiiii!... Hã?... Claro, claro!... Não é possível!... Francamente!... Hãhã... Hum... Isso!... Na mosca!... OK!... Então até mais!...
Uma olha para a outra e comentam entre si:
— E ainda por cima se entendem...

Você consegue descobrir o quê, de fato, a garota conversava ao telefone? É claro que não. Entretanto, a forma como ela pronunciou certos fonemas vocálicos, bem como determinadas palavras ou expressões revela que cada um dos termos utilizados, naquele contexto enunciativo, carrega consigo uma forte carga de significado. A essas palavras, chamamos *interjeições*.

INTERJEIÇÕES, portanto, são vocábulos (invariáveis) de representação das emoções ou sensações dos falantes e podem exprimir satisfação, espanto, dor, surpresa, desejo etc.

O sentido desse tipo de vocábulo depende muito do contexto enunciativo em que se encontra e da forma como é pronunciado. *Ah!*, por exemplo, pode exprimir prazer, deslumbramento ou decepção, assim como *Psiu!* pode indicar que se está querendo atrair a atenção do interlocutor ou que se quer que ele faça silêncio.

As interjeições podem ser formadas:

- por simples sons vocálicos.
  Ex.: *oh!, ê!*
- por palavras.
  Ex.: *oba!, claro!*
- por grupo de palavras (locuções interjetivas).
  Ex.: *ora bolas!, macacos me mordam!, meu Deus!*

Em relação à PONTUAÇÃO, o que podemos observar no uso das interjeições é que geralmente são seguidas de um PONTO DE EXCLAMAÇÃO, que pode aparecer imediatamente depois delas ou no fim da frase. Podem ser seguidas, também, de VÍRGULAS ou RETICÊNCIAS.

<u>Ah</u>, *entendi.*
<u>Ué</u>... *não é esse?*
<u>Credo</u>! *Tudo isso?*

Classificação

As interjeições são classificadas de acordo com o sentimento que expressam. Dessa forma, vale ressaltar que uma mesma interjeição pode expressar sentimentos diferentes, assim como pode haver mais de uma para expressar o mesmo sentimento.

São vários os sentimentos que as interjeições podem exprimir, para facilitar o entendimento, vamos observar o Quadro 7.2.

Quadro 7.2 – Exemplos de interjeições

AFUGENTAMENTO	arreda!, fora!, passa!, sai!, roda!, rua!, toca!, xô pra lá!, sai!, xô!, chit!
ALEGRIA OU ADMIRAÇÃO	oh!, ah!, olá!, olé!, eta!, eia!, ê!, eba!, oba!, aleluia!
ADVERTÊNCIA	alerta!, cuidado!, alto lá!, calma!, olha!, fogo!, olhe!, atenção!, olha lá!, devagar!, sentido!, vê bem!
ADMIRAÇÃO	puxa!, uau!, nossa!
ALÍVIO	ufa!, arre!, também!
ANIMAÇÃO	coragem!, eia!, avante!, upa!, vamos!, vai!, isso!, força!
APELO	alô!, olá!, ó!
APLAUSO	bis!, bem!, bravo!, viva!, apoiado/a!, fiu--fiu!, hup!, hurra!, isso!, muito bem!, parabéns! é isso aí!, boa!, ótimo!
AGRADECIMENTO	graças a Deus!, obrigado!, obrigada!, agradecido!, valeu!, grato/a!
ATENDIMENTO, CONFIRMAÇÃO	sim..., pronto!, claro!, pois não!, certo!, sem dúvida!, ótimo!
AVERSÃO OU CONTRARIEDADE	droga!, porcaria!, credo!, putz!
CHAMAMENTO	alô!, hei!, ei!, olá!, psiu!, psit!, socorro!
DESCULPA	perdão!, ops!, foi mal!
DESEJO	oh!, oxalá!, tomara!, pudera!, queira Deus!, quem me dera!
DESPEDIDA	adeus!, até logo!, *bye-bye*!, tchau!, até!
DESACORDO	que esperança!, qual!, qual o quê!, pois sim!, francamente!
DOR	ai!, ui!, ai de mim!

(continua)

(Quadro 7.2 – conclusão)

AFUGENTAMENTO	arreda!, fora!, passa!, sai!, roda!, rua!, toca!, xô pra lá!, sai!, xô!, chit!
DÚVIDA	Hum..., hein?, quê?, hã?
CESSAÇÃO	basta!, para!, chega!
INVOCAÇÃO	alô!, ô, olá!
ESPANTO	uai!, ih!, ali!, ué!, oh!, poxa!, quê!?, caramba!, nossa!, opa!, virgem!, xi!, terremoto!, barrabás!, barbaridade!, bah!
IMPACIÊNCIA	arre!, hum!, puxa!, raios!
PENA	coitado!, pobre!
REPROVAÇÃO	bah!, ora!, ora, bolas!, só faltava essa!, buh!, não apoiado!, fora!
SAUDAÇÃO	ave!, oi!, olá!, ora viva!, salve!, viva!, adeus!, tchau!
SAUDADE	ah..., oh...
SILÊNCIO	psiu!, silêncio!, caluda!, psiu! (bem demorado), pshhh!
TERROR	credo!, cruzes!, Jesus!, que medo!, uh!, ui!, fogo!, barbaridade!
ESTÍMULO	ânimo!, adiante!, avante!, eia!, coragem!, firme!, força!, toca!, upa!, vamos!

Como pudemos observar, os numerais e as interjeições são muito usados no nosso cotidiano e estão extremamente carregados de sentidos, emoções e intenções. É necessário certo cuidado no emprego dessas classes, a fim de evitar mal-entendidos.

Atividades

Numerais

1. Marque o emprego INCORRETO do numeral:
   a. século III (três).
   b. 80º (octogésimo).
   c. capítulo XI (onze).
   d. X tomo (décimo).

2. Indique a opção em que os numerais estão corretamente empregados:
   a. Ao Papa Paulo seis sucedeu João Paulo primeiro.
   b. Após o parágrafo nono, virá o parágrafo décimo.
   c. Depois do capítulo quarto, li o capítulo décimo terceiro.
   d. O artigo vigésimo segundo foi revogado.

3. MILHÃO tem como ordinal correspondente MILIONÉSIMO. A relação entre cardinais e ordinais se apresenta inadequada na opção:
   a. cinquenta – quinquagésimo; novecentos e um – nongentésimo primeiro.
   b. setenta – setuagésimo; quatrocentos e trinta – quadringentésimo trigésimo.
   c. oitenta – octingentésimo (oitenta – octogésimo); trezentos e vinte – trecentésimo vigésimo.
   d. quarenta – quadragésimo; duzentos e quatro – ducentésimo quarto.

Interjeições

4. Classifique o emprego das interjeições de acordo com o código:

   a. Pedido de auxílio
   b. Entusiasmo, aplauso
   c. Irritação
   d. Alívio
   e. Espanto
   f. Surpresa
   g. Chamamento

   (   ) Uau! Que excelente desempenho!
   (   ) Poxa! Quantas vezes é preciso dizer isso?
   (   ) Aqui! Agarrem esse ladrão!
   (   ) Ô! Mas há quanto tempo não te via!
   (   ) Hã? Nunca tinha ouvido isso.
   (   ) Ixe! Não tinha reparado nisso!
   (   ) Ufa! Pensei que não tinha conseguido!

5. Considere as emoções/sensações listadas a seguir e crie sentenças com interjeições ou locuções interjetivas que possam exprimi-las.

   a. Advertência
   b. Animação ou incentivo
   c. Desagrado, contrariedade ou impaciência
   d. Dor
   e. Saudação
   f. Medo ou terror

   Sugestões:
   a. Atenção! Pista escorregadia.
   b. Isso! Continue assim.

c. Ah, não! Isso já é demais.
d. Ui, meu dedo!
e. Olá! Como vai?
f. Cruzes! Que cão bravo!

6. Crie situações diferentes para o uso da uma mesma conjunção:

a. Ah....
Ah!
b. Puxa!
Puxa!

Sugestões:
a. Ah, se eu pudesse recuperar o tempo perdido...
Ah! Você estava aí...
b. Puxa! Ele ganhou o prêmio máximo do sorteio!
Puxa! Hoje não é o meu dia!

7. Recorte enunciados de histórias em quadrinhos, revistas ou jornais, nos quais evidenciam-se usos de interjeições/locuções interjetivas. Diga em que sentido foram empregadas, que sensações/emoções expressam.

Sugestão:
Nossa! Como ele cresceu!
(Nossa! *Espanto, surpresa*)

(8)

Texto narrativo

Isabella Vieira de Bem é licenciada em Letras (Português e Inglês) pela Pontifícia Universidade Católica do Rio Grande do Sul (PUCRS) doutora em Literaturas de Língua Inglesa pela Universidade Federal do Rio Grande do Sul (UFRGS).

Isabella Vieira de Bem

Neste capítulo, vamos abordar o texto narrativo, levando em conta seus elementos essenciais e distintivos dos demais tipos de texto, bem como observar os recursos de que dispomos na língua portuguesa para produzir, analisar e classificar narrativas em seus diferentes gêneros.

A NARRATIVA SE CONFIGURA COMO UMA DAS MAIS ANTIGAS FORMAS DE PRESERVAÇÃO E RECONSTRUÇÃO DA MEMÓRIA EM SUPORTE VERBAL, seja ele oral ou escrito. Prova disso é o fato de encontrarmos em todas as grandes civilizações da Antiguidade documentos que se caracterizam como textos narrativos, além dos mitos, das lendas etc. Entre eles, destacam-se *Gilgamesh*, dos povos mesopotâmicos, a *Ilíada* e a *Odisseia*, da civilização grega, e a *Bíblia*, da cultura judaico-cristã.

Recentemente, a narrativa tem sido abordada como uma das formas preferidas de tratamento da informação na contemporaneidade, sendo adotada nas mais diferentes áreas da atividade humana. Para Bruner (1986), a narrativa está no mesmo patamar da lógica e da ciência como modo de organização da experiência, do conhecimento de mundo e da construção da realidade. O autor ainda ressalta uma característica distintiva da narrativa em relação aos demais modos: a possibilidade de apreensão por meio de esquemas e a de extensão ilimitada. Isso quer dizer que a informação tratada como narrativa deve ser capaz de ser apreendida num esquema explicativo, ainda que possa ser expandida indefinidamente para além dele.

Como podemos perceber, a habilidade de construir textos narrativos é evidência da capacidade humana de "organizar seu passado e futuro numa experiência coerente" (Jameson, 1992, p. 25). A competência para desenvolver textos narrativos é essencial na interação humana, especialmente no âmbito profissional. Cabe aos professores, sobretudo os de língua portuguesa, construir essa competência na sua prática, levando seus alunos a afirmarem-se como sujeitos autores, contribuindo com suas visões e experiências para compor o "mosaico da humanidade", via atividade linguística.

Em língua portuguesa, há uma série de recursos, procedimentos, padrões e regras que permitem inscrevermos, de modo coerente e numa estrutura coesa, o teor informativo que desejamos expressar, nas mais diferentes funções da linguagem, modulados aos diversos públicos leitores. Significa dizer que textos narrativos exibem elementos essenciais e uma estrutura básica comum nos seus diferentes gêneros, sejam eles ficcionais ou não (literários ou não literários), desde a anedota até o romance. Sem esquecer que, via de regra, é o suporte narrativo linguístico que dá sustentação às formas narrativas contemporâneas em diversas mídias, que se utilizam de outras linguagens que não a verbal (cinema, TV, vídeo, teatro, *blogs*, instalações artísticas, catálogos de empresas, peças publicitárias etc.).

(8.1)
Narração

Para entendermos a narração, vale recorrer à noção das pessoas do discurso: a primeira, a pessoa que fala; a segunda, para quem se fala; a terceira, de quem se fala. A narração é a ação de contar algo, de informar um episódio, a alguém, logo, identificamos, nessa formulação, a primeira pessoa (quem conta), a segunda (o ouvinte/leitor a quem a primeira se dirige) e a terceira (o assunto, a informação). Dessa configuração das pessoas do discurso, podemos derivar os elementos essenciais de uma narração.

Elementos essenciais

Toda vez que alguém conta algo (uma história, um fato, um episódio) há a mobilização dessas três pessoas, que vão compor, de diferentes maneiras, o fato que vai ser narrado. Esse FATO (a ser narrado) é o elemento central em torno do qual se identificam os demais:

- o ESPAÇO, que responde à pergunta "Onde acontece?";
- o TEMPO, que responde à pergunta "Quando acontece?";

- AS PERSONAGENS, que informam com quem acontece o fato;
- O ENREDO, que apresenta o conjunto de ações e como elas se inter-relacionam.

Uma vez que alguém se põe a NARRAR um acontecimento, sempre vai responder ONDE, QUANDO, COMO e COM QUEM se deu o ocorrido. Os elementos da narrativa são, pois, narrador, enredo, personagens, espaço (ou ambiente) e tempo.

Numa narração, o que deve sobressair é a ação localizada, pelo NARRADOR, no tempo e no espaço, atribuída a personagens, organizada numa sequência que revela as relações entre cada etapa que compõe o conjunto de ações que, por sua vez, diferenciam uma história de outra. Do ponto de vista dos recursos linguísticos propriamente ditos, na narração, observa-se o predomínio dos verbos de ação. É assim que podemos compreender, por exemplo, como um mesmo fato, contado por diferentes pessoas (diferentes narradores), pode constituir histórias muito diferentes umas da outras.

As ações que compõem um texto narrativo emanam dos agentes, ou PERSONAGENS, ou seja, das pessoas que animam o fato que vem narrado. No plano linguístico e gramatical, identificamos as personagens num texto por meio dos substantivos próprios, dos seus nomes.

Com relação ao lugar em que as ações desempenhadas pelos personagens acontecem, é através dos ADVÉRBIOS DE LUGAR que o elemento ESPAÇO é representado no texto. Frequentemente, é nesse elemento que utilizamos a descrição – aí como recurso – como instrumento para estabelecer um elemento essencial da narração, não como fundamento do texto em si.

Para identificar quando as ações que compõem o enredo se dão, lançamos mão do conhecimento dos tempos verbais e dos advérbios de tempo.

É o elemento TEMPO que permite que as ações sejam encadeadas para conduzir ao desfecho, que revela a mudança de estado e aponta a diferença entre o estado inicial e o final das personagens. NUMA NARRAÇÃO, A ANTERIORIDADE E A POSTERIORIDADE ENTRE OS EPISÓDIOS RELATADOS SÃO CRUCIAIS PARA DETERMINAR O SENTIDO DA HISTÓRIA. Ao alterarmos essa ordenação, altera-se o enredo, produz-se uma outra história.

Etapas básicas

Podemos, pois, distinguir três etapas básicas numa narrativa:

- A INTRODUÇÃO, ou parte (estado) inicial da história;
- O DESENVOLVIMENTO ou enredo propriamente dito, em que os conflitos se formam e chegam a um ponto crítico de tensão;
- A CONCLUSÃO ou parte (estado) final, que é a solução do conflito que decorre das ações das personagens.

Resumindo, em toda narração há personagens que vivem conflitos, que evoluem e se resolvem de determinada maneira, em determinado espaço de tempo e em determinado lugar, resultando numa transformação (no sentido de mudança), numa alteração de estado, conforme apresentados pelo narrador. Após o conflito, as personagens não serão as mesmas do início da narrativa. Se num texto narrativo não se caracterizar um conflito, não há narração, mas um mero relato ou apresentação de sequência de fatos. Por isso, O NARRADOR É ELEMENTO ESSENCIAL DA NARRAÇÃO. Portanto, precisamos aprender a nos enunciarmos nos textos narrativos que escrevemos como narradores, elementos essenciais, singulares, únicos e diferenciados.

Observe no texto a seguir como cada elemento é apresentado.

Um dia, sumiu-se a pequena Eva. O pobre marceneiro, seu pai, buscou-a. Tempo perdido, esforço baldado.

Na pequena povoação de ***, em Minas, não houve um recanto aonde não chegassem as investigações do marceneiro em busca da filha. Depois que se espalhou a notícia do desaparecimento da menina, ninguém se encontrava com outra pessoa que não lhe perguntasse:

— Sabe da Vevinha?...

— Já ia perguntar isso mesmo...

E não se colhia uma informação que desse luz ao negócio.

FONTE: POMPEIA, 2008B.

O texto inicia indicando a circunstância de TEMPO, "*Um dia*", um tempo indeterminado, o que nos remete ao elemento essencial da narrativa, o fluxo do tempo a que se submeterão as personagens. Nessa circunstância dá-se um FATO: "*sumiu-se a pequena Eva*", que desencadeia uma sequência de ações das personagens.

O fato põe em marcha uma série de outros acontecimentos que não se dão de forma acidental, mas motivada, numa lógica de causa e consequência que vai construindo o ENREDO. No parágrafo de abertura, as PERSONAGENS são nomeadas, Eva e o pai marceneiro. Sabemos, então, que o ocorrido com Eva desencadeia a reação do pai.

No segundo parágrafo, há a indicação do ESPAÇO onde se dá o fato, "*na pequena povoação de ***, em Minas*", e, em seguida, a reação em cadeia da comunidade às buscas do marceneiro.

Todas essas informações são dispostas ao leitor por um NARRADOR, que organiza a história, fazendo referência ao fato, ao tempo, ao espaço e às personagens, como alguém que não participa da ação que se desenvolve. TRATA-SE DE UM NARRADOR EM TERCEIRA PESSOA.

Podemos observar, também, que o narrador localiza a história num tempo anterior ao da narração, pois emprega os verbos no pretérito perfeito e imperfeito. Quando utiliza o tempo presente, recorre ao discurso direto, à apresentação da informação de primeira mão, dando voz ao discurso direto da personagem.

Você deve estar curioso para saber o próximo passo na cadeia de eventos iniciada pelo sumiço de Eva. Isso quer dizer que a primeira etapa básica da narrativa foi cumprida, A INTRODUÇÃO, a apresentação do estado inicial da história.

A pergunta que se forma na mente do leitor e que o conduz a buscar mais informações, a prosseguir na leitura, é "Onde está Eva?". O problema, ou a crise, está instalado. Resta, agora, construir o enredo a partir dessa condição inicial.

Que conflito se instala a partir dessa condição? Que forças, interesses e motivações entram em jogo e se intensificam até sua resolução? Que ações as personagens executam? As respostas a todas essas perguntas devem compor as fases seguintes da narrativa, O DESENVOLVIMENTO.

Veja, a seguir, como o conflito se estabelece e se desenvolve.

[A] tia do marceneiro enfim, soubera da desgraça e, o que mais é, ouvira do seu moleque uma cousa que... devia contar ao sobrinho. Foi achá-lo na oficina, sentado sobre um banco de carpinteiro, triste, na imobilidade estúpida de uma prostração miserável. [...]

A velha voltara o rosto e fitava um sujeito a trabalhar num canto da oficina, quase no escuro. Era o carpinteiro Matias, português de nascimento, e [...] sócio de Eduardo. Media com o compasso uma tábua que ia serrar, no momento em que ouviu a estranha frase da tia do sócio...

[...] A respeitável Juliana fuzilava-o com o olhar. Em seguida curvou-se para o sobrinho e segredou-lhe algumas palavras. Murmurava apenas, mas energicamente, vivamente.

O carpinteiro Matias deixara o serrote encravado na tábua e, com um sorriso esquisito, olhava para os dous parentes. [...] Afinal, não se contendo mais, adoçou a voz quanto pôde e perguntou:
— *Então acharam a* VEVINHA? *Quem furtou?...*
— *Quem furtou?... Eh.... Sr. Matias... disse Juliana a modo de ironia.*
— *Por que fala assim, D. Juliana?... Quem a ouvisse diria que fui eu o gatuno. Venha ver a menina aqui no meu bolso... [...] –*
Como diabo, dizia de si para si, pôde esta coruja saber?...[...]
No dia seguinte perguntava-se pelo marceneiro Eduardo. Ninguém o viu na oficina como de costume; lá estava o Matias sozinho. [...] Juliana, que fizera correr o boato da moléstia do sobrinho, tinha resolvido deixar transparecer o que havia, sem, contudo, dizer claramente os motivos da viagem de Eduardo. Queria apenas saciar a curiosidade pública, que podia comprometer, com o rumo das indagações, o segredo necessário à empresa que se propusera o sobrinho.

[...] Convencionou pois com Juliana que deixaria a oficina ao seu sócio, dissolvendo a sociedade; [...] e partiria a encontrar os saltimbancos, a tomar-lhes a sua VEVINHA. *Isto se devia fazer em segredo, a fim de não se prevenirem os criminosos: E fez-se...*

FONTE: POMPEIA, 2008B.

O texto que acabamos de ler corresponde ao DESENVOLVIMENTO da narrativa, a fase em que se explicita o enredo propriamente dito, em que se estabelecem as relações de causa e efeito e na qual se identifica o antagonismo de forças responsável pelo avanço da ação, que deve culminar num ponto máximo de tensão.

Nessa etapa, entram em cena mais duas personagens: Juliana, a tia do marceneiro Eduardo, e Matias, seu sócio na oficina. O antagonismo que se evidencia é entre Juliana e Matias, e a tensão fica expressa na linguagem, *"fuzilava-o com o olhar",* enquanto segredava ao sobrinho. O sócio, por sua vez, reage à tensão em pensamento, referindo-se a Juliana como *"esta coruja"* e praguejando: *"Como diabo, dizia de si para si, pôde esta coruja saber?".*

Como podemos observar por meio desses exemplos, há uma RELAÇÃO DE CAUSA E CONSEQUÊNCIA e de motivações entre as ações que se sucedem no tempo, uma como efeito da outra, caracterizando o enredo, a história. A decisão de partir em segredo para não prejudicar a investigação, contando com a ajuda da tia, é efeito da tensão máxima: Eduardo desconfia de Matias, Matias não deve interferir. Com os verdadeiros motivos de sua partida mantidos em sigilo, Eduardo dá continuidade à sua busca motivada e sustentada pela tensão entre Juliana e Matias.

Novamente, emerge uma pergunta para o leitor: *"Como Eduardo conseguirá resgatar Eva dos saltimbancos?".* A fase seguinte da narrativa deve apresentar elementos para responder a essa pergunta.

Acompanhe, agora, a apresentação da situação final, que compõe a CONCLUSÃO da narrativa.

Pouco e pouco se foi deixando de falar no acontecimento. [...] Não se falou mais em Eduardo. [...] Juliana recebera uma carta, que damos em seguida, feitas pequenas modificações na forma:

"Querida Juliana."
"Que desgraça! Não encontrei a VEVINHA*! Os ladrões esconderam-na. [...] Tenho sofrido tanto nestes dois dias, que só hoje consegui arranjar estas linhas para mandar-lhe; também só hoje tenho notícias positivas a dar-lhe a meu respeito. Cheguei a *** às primeiras horas da madrugada. As doze léguas de estrada passaram-me como o raio por sob as patas do pobre cavalo que me trouxe. Deu-me cômodo agasalho o teu compadre Fonseca.*

> O bom velho ainda é o mesmo. Levantou-se da cama para me receber e tratou-me como a um filho.
> Acabo de entrar para a companhia do Rosas. Meti-me na quadrilha dos ladrões! Custou-me um pouco, mas graças às recomendações do compadre Fonseca que me apresentou ao diretor da companhia como um bom mestre no meu ofício o tal Manuel Rosas admitiu-me como carpinteiro armador do circo, ou, conforme diz-se na companhia FACTOR de circo. Não se ganha muito, porém o dinheiro que recebo é demasiado para o que eu queria fazer dele, esfregá-lo na cara do raptor de minha desgraçada filhinha."

FONTE: POMPEIA, 2008B.

O trecho transcrito corresponde à CONCLUSÃO da narrativa, a fase em que assistimos à solução do conflito. A articulação entre as relações das personagens sofre uma mudança em decorrência de suas ações. O ponto máximo de tensão, como vimos no desenvolvimento, foi a descoberta de Eduardo sobre a participação do sócio no sumiço de Eva. Após essa descoberta, Eduardo empreende sua busca secreta, que culmina, como vimos, com uma mudança de situação em relação à condição inicial.

Nessa etapa, Eduardo já não é mais dono de oficina, mas carpinteiro armador de uma companhia de circo, já não desconhece mais o paradeiro de Eva e está determinado a acertar contas com o raptor de sua filha. Com isso, responde-se à pergunta gerada na etapa do desenvolvimento: Eduardo infiltra-se na companhia de circo que comprou Eva de seu sócio Matias.

Restam ainda perguntas sobre a resolução do conflito? É que o texto lido trata-se de uma narrativa literária, e, como tal, repousa na participação do leitor para preencher-lhe as lacunas por via da imaginação, provocada pelo uso da linguagem, pela implicação de associações sucessivas.

Nada impede que você dê continuidade a essa história, tomando como elemento de tensão inicial o antagonismo entre Eduardo e os criminosos, dividindo o espaço do circo por um determinado espaço de tempo, e que vai se intensificando até alcançar um ponto crítico que determina um novo estado de coisas. Essa é uma pequena demonstração da capacidade de extensão ilimitada a que Bruner (1986) se refere.

O exercício de análise realizado até agora serve de estímulo, de provocação e convite para que você imagine uma continuação para a história *Violeta*, de Raul Pompeia, e ponha-se a escrevê-la.

Categorias de narrador

Podemos classificar o elemento narrador conforme a pessoa do discurso assumida pelo autor para contar a história. O narrador pode estar em primeira ou terceira pessoa, pode assumir um papel como personagem da história ou, meramente como observador, que se põe a apresentar os fatos ocorridos com as personagens a partir desse ponto de vista.

Observe o exemplo a seguir:

Conheci muito o dr. Sinfrônio.
Nunca lhe achei cara de poeta... Pois ele o fora!
Uma única vez na vida, às escondidas, como se tivesse vergonha... Mas fora... Vim a sabê-lo, alguns anos depois da sua morte. [...]
São versos de paixão, espécie de carta de namoro a linhas curtas, começadas em letra maiúscula.
Mostrou-mos o filho, um velho amigo de colégio que me ficou da infância; mostrou-mos, fazendo considerações a propósito de certas ingenuidades que todos têm e certas fraquezas em que todos caem. Aquele homem prático, prosaico, impregnado de

negócios do foro e alguma política rasteira, empírica de mais, sem horizontes largos, aquele burguês redondo tivera um dia de pieguice aguda na sua vida! Lá estava o corpo de delito, descoberto em meio duma aluvião de rascunhos de correspondências, contas, recibos, papelório forense, traças e poeira.

Fonte: Pompeia, 2008a.

O uso da primeira pessoa do singular marca o emprego do narrador em primeira pessoa: "<u>Conheci</u> muito o dr. Sinfrônio". Com isso, o leitor enquadra a história a ser lida como um episódio vivido pelo narrador, que é, nesse exemplo, personagem ao lado de outras. À medida que a história vai sendo contada, coisas vão acontecendo ao narrador também.

O narrador em terceira pessoa, por sua vez, fala sempre sobre as personagens, os lugares, os fatos e ações, isto é, todos esses elementos constituem a terceira pessoa – o assunto, o tópico da narração. Nesse caso, é comum o narrador assumir o papel de uma consciência que tudo vê e tudo sabe, mas também pode se colocar como um observador no mesmo nível de uma das personagens – por exemplo, um pai que conta a história de um filho que sobreviveu a um acidente, ou um amigo que revela intimidades de outro etc., sem tomar parte no que acontece a esse personagem.

É o caso do narrador no texto a seguir.

Li-hu Ang-Pô, vice-rei de Cantão, Império da China, Celeste Império, Império do Meio, nome que lhe vai a calhar, notava que o seu exército provincial não apresentava nem garbo marcial, nem tampouco, nas últimas manobras, tinha demonstrado grandes aptidões guerreiras. [...]

Verificado esse estado miserável do seu exército, o vice-rei Li-Huang-Pô começou meditar nos remédios que devia aplicar para levantar-lhe o moral e tirar de sua força armada maior rendimento militar. *Mandou dobrar a ração de arroz e carne de cachorro, que os soldados venciam.*

FONTE: BARRETO, 2008A.

Fica claro, nesse texto, que o narrador não contribui para o que acontece no plano do enredo, que vai focalizar o que acontece com os exércitos do vice-rei em consequência de suas decisões. O narrador é a instância de organização dos elementos tempo, espaço e personagens, num enredo do qual não participa como agente.

(8.2)
Apresentação das personagens

As personagens, responsáveis pelas ações que compõem o enredo de uma narrativa, podem ser apresentadas pelo narrador de forma direta ou indireta. Associamos, à apresentação direta, o perfil que delas construímos com base na indicação de suas feições pelo narrador, e, indireta, quando esse perfil vai se configurando na história e para a mente do leitor por meio das informações que são veiculadas pelas demais personagens, por meio de comentários, julgamentos, opiniões. A caracterização das personagens é tarefa da descrição, que, inevitavelmente, contribui com o texto narrativo nesse aspecto.

Vamos agora caracterizar a apresentação DIRETA e a INDIRETA a partir de exemplos da nossa literatura.

Apresentação direta

A APRESENTAÇÃO DIRETA privilegia a forma exterior, física ou psicológica que se evidencia na superfície da história. Personagens apresentadas de forma direta geralmente são menos complexas e mais marcantes por uma de suas feições. Com frequência, a apresentação de personagens, elementos da narração, é feita com recurso à descrição, traçando-lhes o perfil físico, psicológico ou físico-psicológico.

Observe a apresentação da personagem Policarpo Quaresma, de Lima Barreto.

Como de hábito, Policarpo Quaresma, mais conhecido por Major Quaresma, bateu em casa às quatro e quinze da tarde. Havia mais de vinte anos que isso acontecia. Saindo do Arsenal de Guerra, onde era subsecretário, bongava pelas confeitarias algumas frutas, comprava um queijo, às vezes, e sempre o pão da padaria francesa. [...]

A vizinhança já lhe conhecia os hábitos e tanto que, na casa do Capitão Cláudio, onde era costume jantar-se aí pelas quatro e meia, logo que o viam passar, a dona gritava à criada: "Alice, olha que são horas; o Major Quaresma já passou".[...]

Não recebia ninguém, vivia num isolamento monacal, embora fosse cortês com os vizinhos que o julgavam esquisito e misantropo. Se não tinha amigos na redondeza, não tinha inimigos, e a única desafeição que merecera fora a do Doutor Segadas, um clínico afamado no lugar, que não podia admitir que Quaresma tivesse livros: "Se não era formado, para quê? Pedantismo!"

FONTE: BARRETO, 2008B.

Você pode observar que há elementos que permitem a construção imediata do perfil comportamental da personagem por meio das informações que o próprio narrador apresenta como observador desse mesmo comportamento. Essas informações são apresentadas a um só tempo e essa apresentação não exige que você interprete as opiniões que as demais personagens têm sobre Quaresma para dele formar um perfil.

Apresentação indireta

Sofrem APRESENTAÇÃO INDIRETA normalmente as personagens mais complexas na trama. Delas não temos a imagem imediata, pois essa imagem é construída com base em uma elaboração que é orquestrada pelo narrador, que distribui aqui e ali parcelas de informações aparentemente passageiras e desconexas. Essa apresentação geralmente desafia o leitor a reunir essas informações, que lhe são entregues através da percepção e da reflexão de outras personagens. Em outras palavras, o perfil de uma personagem apresentada indiretamente não é dado, mas depende da elaboração do leitor e com frequência demanda um certo avanço na trama para se completar. Não é o narrador quem propriamente apresenta a personagem assim construída, mas as demais personagens, com comentários, observações etc.

O texto a seguir demonstra o domínio da técnica de apresentação indireta de personagens do grande Machado de Assis, no conto *A Mulher de Preto*. Observe que ocorre, aqui, a apresentação de duas personagens, Estevão e Meneses, uma por meio do olhar da outra, ou seja, as características atribuídas a Meneses são resultado da percepção de Estevão, e vice-versa.

No fim de um mês eram dois amigos velhos. Tinham observado reciprocamente o caráter e os sentimentos. Meneses gostava de ver a seriedade do médico e o seu bom senso, estimava-o com as suas intolerâncias, aplaudindo-lhe a generosa ambição que o dominava. Pela sua parte o médico via em Meneses um homem que sabia ligar a austeridade dos anos à amabilidade de cavalheiro, modesto nas suas maneiras, instruído, sentimental. Da misantropia anunciada não encontrou vestígios. É verdade que em algumas ocasiões Meneses parecia mais disposto a ouvir do que a falar, e então o olhar tornava-se-lhe sombrio e parado, como se em vez de ver objetos exteriores, estivesse contemplando a sua própria consciência. Mas eram rápidos esses momentos, e Meneses voltava logo aos seus modos habituais.

FONTE: MACHADO DE ASSIS, 2008D.

Como vimos, o narrador se utiliza do ponto de vista de uma personagem para conferir traços a uma outra. Trata-se, pois, de uma APRESENTAÇÃO INDIRETA.

Uma das formas de a personagem se dar a conhecer, no texto narrativo, é pelo emprego do discurso, da sua enunciação, de sua fala. O narrador escolhe como apresentar a fala da personagem, que pode ser via DISCURSO DIRETO, INDIRETO OU INDIRETO LIVRE.

Raramente ocorre, num texto, um único tipo de discurso, mesmo no texto teatral, que utiliza predominante e essencialmente o emprego do discurso direto, seja em solilóquios, seja em monólogos, seja em diálogos. É mais frequente o emprego dos diferentes tipos para compor diferentes pontos de vista e situações de interação linguística entre as personagens. EM GERAL, OS DISCURSOS DIRETO E INDIRETO SE UNEM PARA CONFERIR RITMO À NARRAÇÃO E PERMITIR A INTERVENÇÃO DO NARRADOR. No discurso indireto livre, observa-se a fala do narrador inserida no discurso indireto.

A seguir, são apresentados alguns exemplos que esclarecem essa classificação.

Emprego do discurso direto

A personagem fala diretamente, representando-se no diálogo. Um enunciado no discurso direto é geralmente acompanhado de um verbo *dicendi*, que o introduz, conclui ou nele se insere. São exemplos de verbos *dicendi*: dizer, falar, afirmar, declarar, sugerir, recomendar, perguntar, responder etc. Quando não houver um verbo desse tipo, a fala da personagem em discurso direto é indicada por meio do contexto ou do emprego de dois pontos, aspas, travessão ou mesmo pela mudança de linha no registro gráfico.

Então acharam a Vevinha? *Quem furtou?...*
Quem furtou?... Eh... Sr. Matias... disse Juliana a modo de ironia.
Por que fala assim, D. Juliana?... Quem a ouvisse diria que fui eu o gatuno. Venha ver a menina aqui no meu bolso... [...]

Fonte: Pompeia, 2008b.

Utilizamos como exemplo o diálogo entre Juliana e Matias, o qual faz parte do conto *Violeta*, já citado. Nesse trecho o leitor pode receber a informação como se fora de primeira mão, como se estivesse testemunhando o diálogo enquanto ocorria. Observe o uso dos travessões e da mudança de linha para indicar a alternância entre os falantes.

Emprego do discurso indireto

A fala da personagem é reproduzida pelo narrador ou por outra personagem. Um enunciado em discurso indireto, assim como no discurso direto, pode vir introduzido por um verbo declarativo (*dicendi*), com a diferença de que, nesse caso, a fala da personagem se estrutura como uma oração subordinada, como o conteúdo da fala anunciada pelo verbo declarativo.

> Verificado esse estado miserável do seu exército, o vice-rei Li-Huang-Pô começou a meditar nos remédios que devia aplicar para levantar-lhe o moral e tirar de sua força armada maior rendimento militar. Mandou dobrar a ração de arroz e carne de cachorro, que os soldados venciam.
>
> FONTE: BARRETO, 2008A.

Nesse trecho, a ordem que o vice-rei emitiu ao seu exército é apresentada pela fala do narrador, e não pela do próprio vice-rei. O vice-rei mandou que algo fosse realizado, o conteúdo da ordem é a oração subordinada, a fala da personagem representada pelo narrador.

Esse procedimento contribui para manter a distância entre o leitor e o fato narrado, ao mesmo tempo em que reforça a autoridade do narrador na versão dos fatos. A fala da personagem nos chega como informação de segunda mão, ao contrário do que se observa via discurso direto.

Emprego do discurso indireto livre

Nesse caso, a fala da personagem é inserida no discurso indireto, dele passando a fazer parte. O discurso indireto livre integra, a um só tempo, o aspecto da atualidade da fala da personagem tal qual foi proferida na circunstância de sua enunciação e a intervenção do narrador como instância que filtra, que faz a mediação entre o teor da fala da personagem e sua inscrição na história sendo narrada. Essa construção pode ser considerada como uma forma híbrida muito eficiente, pois evita a repetição das conjunções integrantes do discurso indireto e as trocas de linha do discurso direto, o que torna a narrativa mais fluente e de ritmo mais próximo ao do processo de pensamento. Ao mesmo tempo em que nos é dado, como leitores, "ouvir" as palavras da personagem, também nos é feita a advertência de que isso nos está sendo concedido segundo o critério do narrador, com um propósito definido ao qual devemos nos submeter: o de contar a história.

— *Como diabo, dizia de si para si, pôde esta coruja saber?...*

FONTE: POMPEIA, 2008B.

Podemos identificar, nesse outro trecho de *Violeta*, o discurso direto, a fala da personagem Matias, "Como diabo [...] pôde esta coruja saber?", fazendo parte do discurso indireto do narrador, que comenta "dizia de si para si". Observe a relativa liberdade sintática dessa construção em relação à do discurso indireto.

Para observar a utilização dos três tipos de discurso num mesmo texto, lançamos mão do exemplo apresentado por Othon Garcia, onde usamos destaques diferentes: o primeiro trecho é DISCURSO INDIRETO; o segundo DISCURSO INDIRETO LIVRE; a parte final é DISCURSO DIRETO.

Maíra o consolou, batendo-lhe nas costas: tirara o terceiro lugar [numa prova de natação]. Foi para a casa sozinho, a cabeça num tumulto. Por que afinal tudo aquilo? Santo Deus, que ideia descabida, que estranha teimosia aquela, esquecer tudo durante um mês, para dedicar-se como um louco a uma experiência tão dura que não lhe traria proveito algum! Vaidade, apenas? Ora, sabia muito bem que essas coisas não existiam para ele. Por que, então? *O pai lhe dissera apreensivo: "Você está exagerando, meu filho. Isso pode não fazer bem".*

FONTE: SABINO, CITADO POR GARCIA, 1996.

As personagens, apresentadas direta ou indiretamente, compondo o discurso direto, indireto ou indireto livre, desenvolvem suas ações numa cadeia de anterioridade e posterioridade que distinguem um enredo do outro. O tratamento temporal do enredo é o próximo tópico a ser abordado.

(8.3)
Tratamento do tempo

O tempo em fluxo é o elemento da narrativa que revela a relação de causalidade na ordenação sequencial dos episódios. A temporalidade narrativa é um dos fatores de coesão textual, a cronologia que é inscrita no texto é o que cria uma intriga (trama, enredo) que evolui na direção de uma resolução, de um desenlace que atribui sentido ao mundo assim ordenado.

Os acontecimentos que vão sendo apresentados no texto narrativo adquirem sentido conforme sua relação de anterioridade e posterioridade uns em relação aos outros. A história resultante desse encadeamento, desse tratamento temporal, corresponde a uma determinada sequência, disposta como causa-consequência, que conduz à resolução do estado de tensão exposto no desenvolvimento da narrativa.

Dessa forma, podemos observar o fluxo do tempo na dimensão cronológica propriamente dita, ao da inexorabilidade do avançar dos ponteiros do relógio, ou dos ciclos da natureza, conforme o caso, ou na dimensão psicológica da experiência das personagens segundo seus estados de ânimo ou condições psíquicas. O tempo psicológico enfatiza o modo como a personagem experimenta subjetivamente a passagem do tempo cronológico.

Observe como o tempo recebe tratamento, nesses dois aspectos, num mesmo texto. Em cada trecho apresentado a seguir, o efeito produzido encaminha uma variável a contribuir com a sequência causal dos episódios narrados. Tratam-se de trechos do conto *O Espelho*, de Machado de Assis.

O fragmento a seguir é exemplo de tratamento do tempo na dimensão cronológica ou exterior.

Ouçam-me. Na manhã seguinte achei-me só. [...] Achei-me só, sem mais ninguém, entre quatro paredes, diante do terreiro deserto e da roça abandonada. [...] Parece-lhes que isto era melhor do que ter morrido? Era pior. Não por medo; juro-lhes que não tinha medo; era um tanto atrevidinho, tanto que não senti nada, durante as primeiras horas. [...] [F]inalmente, esperei que o irmão do tio Peçanha voltasse naquele dia ou no outro, visto que tinha saído havia trinta e seis horas. Mas a manhã passou sem vestígio dele; à tarde comecei a sentir a sensação como de pessoa que houvesse perdido toda a ação nervosa, e não tivesse consciência da ação muscular. O irmão do tio Peçanha não voltou nesse dia, nem no outro, nem em toda aquela semana. Minha solidão tomou proporções enormes.

FONTE: MACHADO DE ASSIS, 2008E, GRIFO NOSSO.

Os elementos textuais em destaque enfatizam a dimensão cronológica, marcando o avanço dos ponteiros do relógio, a sucessão de manhã e noite durante a qual a personagem permaneceu sozinha na casa.

Na sequência da narração, lemos o trecho que segue, exemplo de tratamento do tempo na dimensão psicológica ou interior.

Nunca os dias foram mais compridos, nunca o sol abrasou a terra com uma obstinação mais cansativa. As horas batiam de século a século no velho relógio da sala, cuja pêndula tic-tac, tic-tac feria-me a alma interior, como um piparote contínuo da eternidade.

Quando, muitos anos depois, li uma poesia americana, creio que de Longfellow, e topei este famoso estribilho: <u>Never, for ever! – For ever, never</u>! Confesso-lhes que tive um calafrio. Recordei daqueles dias medonhos. [...] <u>Não eram golpes de pêndula, era um diálogo do abismo, um cochicho do nada</u>. E então de noite! Não que a noite fosse mais silenciosa. <u>O silêncio era o mesmo que de dia. Mas a noite era a sombra, era a solidão ainda mais estreita, ou mais larga. Tic-tac, tic-tac</u>. Ninguém, nas salas, na varanda, nos corredores, no terreiro, ninguém em parte nenhuma. [...] (grifo nosso).

Fonte: Machado de Assis, 2008e.

Como se pode observar nas passagens destacadas, é a experiência subjetiva da solidão da personagem quem confere duração ao intervalo de tempo cronológico, fazendo com que as horas equivalham a séculos.

(8.4)
<u>O</u> espaço

Resta-nos, ainda, abordar a categoria do espaço na narração. Contudo, via de regra, o elemento espaço é objeto da descrição no texto narrativo. Portanto, é importante esclarecer que, aqui, não nos dedicaremos a focalizar essa descrição, mas abordaremos a categoria espaço como estrutura narrativa, como configuração do contínuo espaço temporal em que se desenvolvem as ações das personagens.

Os trechos que apresentamos, do conto *O Espelho*, reforçam a relação desse *continuum*, pois o alferes experimenta o mesmo espaço de maneiras diferentes em diferentes momentos da narrativa. Quando está só, o ambiente é pesado e até claustrofóbico: "Achei-me só, sem mais ninguém, entre quatro paredes, diante do terreiro deserto e da roça abandonada". Em outras circunstâncias na mesma história, o aposento é lugar de convívio, descontração e palco de discussões de cunho filosófico.

Após termos discutido os elementos essenciais da narração, as etapas básicas do texto narrativo e alguns procedimentos característicos na apresentação e tratamento das categorias narrativas, passamos a caracterizar, em linhas gerais, os diferentes tipos de texto narrativo, com o objetivo de incentivar a leitura e o exercício de análise e de reflexão sobre a narração como um todo.

(8.5)
Tipos de texto narrativo

Há uma grande variedade de tipos de texto que se distinguem pela ênfase na narração e que podem ser considerados como textos narrativos. Entre eles, citamos o romance, a novela, o conto, a crônica, a fábula, a parábola, o apólogo, a lenda e a anedota.

Embora a noção de extensão tenha servido para diferenciar o romance da novela e do conto, como tipos de texto narrativo, há outros critérios que devem ser levados em conta. Por exemplo: a CÉLULA OU UNIDADE DRAMÁTICA.

- Conto: há um único conflito, desenvolvido num espaço de ação restrito, num período muito curto de tempo na vida da personagem, que, em linhas gerais, desenvolve uma única ação completa.

- Novela: há uma série de unidades dramáticas que se sucedem de forma linear, sem que se vislumbre o esgotamento dessa sequência. A novela é a forma narrativa por excelência para comprovar a asserção de Bruner (1986) sobre a possibilidade de expansão indeterminada da narração.
- Romance: é possível observar, nessa categoria, uma disposição cíclica ou circular das unidades dramáticas, de modo que se completem e configurem uma estrutura "acabada". No romance, todas as porções dramáticas exibem um grau de interdependência, de modo que convergem para o "fechamento" da história numa unidade de sentido.
- Fábulas, parábolas e apólogos: são narrativas curtas e, por isso, às vezes classificadas como tipos diferentes de conto. Na fábula, as personagens são, na maioria das vezes, animais, sendo que a sua unidade dramática procura exibir alguma moral ou conteúdo disciplinador.

  Uma parábola contém sempre um teor doutrinário e edificante, diferenciando-se da fábula porque suas personagens são humanas. Um apólogo, por sua vez, conta também com o propósito de ilustrar uma moral, implícita ou explícita. Contudo, suas personagens são objetos que assumem comportamentos humanos.
- Crônica: veiculada em jornais, revistas ou periódicos, centra-se no cotidiano e no contemporâneo. Diferentemente da notícia, a crônica é um gênero literário, já que aborda o dia a dia ou o fato emergente com o intuito de recriar a dimensão do real sob a ótica criativa e poética do escritor. A crônica conta a história de um acontecimento que, normalmente, compõe a manchete dos jornais diários sob a visão poética e singular do escritor.

- Lenda: trata-se de uma composição ficcional que toma, por tema, lugares ou personagens que podem ser reais ou imaginários. Seu vigor é comprovado pela transmissão oral e pode receber versões locais ou de especificidade cultural.
- Anedota: tem como propósito provocar o riso. Por isso é geralmente muito curta e frequentemente seu efeito e sentido dependem de elementos de prosódia. É, portanto, um gênero típico da oralidade, assim como a lenda.

Esquemas narrativos

Com o objetivo de visualizar a SEQUÊNCIA ESTRUTURAL MÍNIMA de um texto narrativo, que sirva de modelo para a produção textual, apresentamos dois modelos de esquemas. Contudo, é preciso lembrar que os esquemas são macroestruturas referenciais e que NADA substitui o conteúdo, a organização das ideias e o encadeamento das ações das personagens na perspectiva temporal segundo o ponto de vista do narrador na construção da história que você se põe a contar.

As três etapas básicas a que nos referimos anteriormente, podem ser dispostas segundo as categorias que seguem sem perder sua especificidade.

Quadro 8.1 – Esquema de texto narrativo: Modelo 1

TÍTULO		
1º Parágrafo	Exposição: apresentação da situação inicial dos elementos básicos: tempo, espaço, personagem.	Introdução

(continua)

(Quadro 8.1 - conclusão)

TÍTULO		
2º Parágrafo	Complicação: apresentação de um dado novo que afeta o personagem; reação do personagem.	Desenvolvimento
3º Parágrafo	Resolução: apresentação da situação final dos elementos básicos em virtude da complicação.	Conclusão

Quadro 8.2 – Esquema de texto narrativo: Modelo 2

TÍTULO		
1º Parágrafo	Estado inicial – equilíbrio – situação estável.	Introdução
2º Parágrafo	Transformação pela intervenção de uma força perturbadora que conduz a um estado de desequilíbrio geral.	Desenvolvimento
3º Parágrafo	Transformação pela intervenção de uma força perturbadora que conduz a um estado de desequilíbrio focalizado no personagem principal.	Desenvolvimento
4º Parágrafo	Transformação pela reação do personagem principal.	Desenvolvimento
5º Parágrafo	Estado final (equilíbrio, distinto do equilíbrio do estado inicial).	Conclusão

Quadro 8.3 – Esquema de texto narrativo: Modelo 3

	TÍTULO	
1º Parágrafo	Situação inicial: forças em equilíbrio.	Introdução
2º Parágrafo	Perturbação: turbulência instalada.	Desenvolvimento
3º Parágrafo	Transformação: reorganização em busca de equilíbrio.	Desenvolvimento
4º Parágrafo	Resolução: compensação, trocas, perdas, ganhos.	Desenvolvimento
5º Parágrafo	Situação final: forças em novo estado de equilíbrio.	Conclusão

Atividades

1. Assinale os trechos narrativos a seguir de acordo com a categoria de narrador que apresentam.

    (1) Narrador em primeira pessoa
    (2) narrador em terceira pessoa

    ( ) "Já tinha anoitecido quando a diligência, com as lanternas acesas, entrou na Ponte ao trote esgalgado dos seus magros cavalos brancos, e veio parar ao pé do chafariz [...]; o caixeiro do tio Patrício partiu logo a correr para a Praça com o maço dos *Diários Populares*; o tio Baptista, o patrão, com o cachimbo negro ao canto da boca, desatrelava, praguejando tranquilamente; e um homem que vinha na almofada, ao pé do cocheiro, de chapéu alto e comprido capote eclesiástico, desceu cautelosamente, agarrando-se às guardas de ferro dos assentos, bateu com os pés no chão para os desentorpecer, e olhou em redor." (Queirós, 2008)

( ) "A primeira vez que vim ao Rio de Janeiro foi em 1855. Poucos dias depois da minha chegada, um amigo e companheiro de infância, o Dr. Sá, levou-me à festa da Glória [...]. Para um provinciano recém-chegado à corte, que melhor festa do que ver passar-lhe pelos olhos, à doce luz da tarde, uma parte da população desta grande cidade, com os seus vários matizes e infinitas gradações?" (Alencar, 2008)

( ) "Lenita, após um comprido sono, acordou calma, com os nervos sossegados, com os músculos distendidos, soltos. Mas estava abatida, mole, queixava-se de peso na cabeça, de grande cansaço. Passou dois dias na cama, e só ao terceiro pôde levantar-se. O apetite foi voltando aos poucos, e suas refeições foram sendo tomadas com prazer, a horas regulares. Podia-se dizer que entrara em convalescença do cataclismo orgânico produzido pela morte do pai." (Ribeiro, 2008)

( ) "A noite, límpida e calma, tinha sucedido a uma tarde de pavorosa tormenta, nas profundas e vastas florestas que bordam as margens do Parnaíba, nos limites entre as províncias de Minas e de Goiás. Eu viajava por esses lugares, e acabava de chegar ao porto, ou recebedoria, que há entre as duas províncias. Antes de entrar na mata, a tempestade tinha-me surpreendido nas vastas e risonhas campinas, que se estendem até a pequena cidade de Catalão, donde eu havia partido." (Guimarães, 2008)

2. De acordo com a lista a seguir, indique o tipo de texto a que corresponde cada um dos trechos que seguem.

(1) Anedota
(2) Apólogo
(3) Crônica
(4) Fábula
(5) Parábola

( ) "Um dia, um cão, carregando um osso na boca, ia atravessando uma ponte. Olhando para baixo, viu sua própria imagem refletida na água. Pensando ver outro cão, cobiçou-lhe logo o osso que este tinha na boca, e pôs-se a latir. Mal, porém, abriu a boca, seu próprio osso caiu na água e perdeu-se para sempre." (Esopo, 2008)

( ) "Um ancião índio descreveu os seus conflitos internos da seguinte maneira:
— Dentro de mim tenho dois lobos. Um deles é cruel e mau. O outro é muito bom. Os dois lobos estão sempre à briga.
Quando lhe perguntaram qual o lobo que ganhava a briga, o ancião respondeu:
— Aquele que eu alimentar." (Os dois lobos, 2008)

( ) "Era uma vez uma agulha, que disse a um novelo de linha:
— Por que está você com esse ar, toda cheia de si, toda enrolada, para fingir que vale alguma coisa neste mundo?
[...] [A] costureira chegou à casa da baronesa. Pegou do pano, pegou da agulha, pegou da linha, enfiou a linha na agulha, e entrou a coser.
Veio a noite do baile, e a costureira ajudou a baronesa vestir-se, [...] arregaçava daqui ou dali, alisando, abotoando, acolchetando, a linha [...], perguntou [à agulha]:

Texto narrativo

— Ora agora, diga-me quem é que vai ao baile, no corpo da baronesa [...] enquanto você volta para a caixinha da costureira?

[A] agulha não disse nada; mas um alfinete, de cabeça grande e não menor experiência, murmurou à pobre agulha:

— Anda, aprende, tola. Cansas-te em abrir caminho para ela e ela é que vai gozar da vida, enquanto aí ficas na caixinha de costura. [...] Contei esta história a um professor de melancolia, que me disse, abanando a cabeça:

— Também eu tenho servido de agulha a muita linha ordinária!" (Machado de Assis, 2008f)

(   ) "O Menor Perverso é o título com que aparece em todos os jornais a notícia de um caso triste, _ uma criança de três anos assassinada por outra de dez, em condições que ainda não foram bem tiradas a limpo. Diz-se que o 'menor perverso' ensopou em espírito de vinho as roupas da vítima e ateou-lhes fogo. Propositalmente? Parece impossível [...]

A ocasião é oportuna para mais uma vez se verificar quanto estamos mal aparelhados para atender às múltiplas necessidades de assistência social. Um criminoso de dez anos não é positivamente um criminoso [...]

Tudo que se refere à assistência pública ainda está por ser feito no Brasil: asilos, escolas correcionais, penitenciárias, presídios, não têm fiscalização efetiva. [...] Tive muita pena da pobre criança de três anos, morta no meio de horríveis torturas. Mas tenho também muita pena dessa outra criança. [...] Nesse pequeno infeliz, que os jornais consideram um grande criminoso, há um homem que se via perder, por nossa culpa – porque não lhe podemos dar o tratamento que a sua enfermidade requer [...]." (Bilac, 1916)

( ) "Na véspera de uma prova, 4 alunos resolveram chutar o balde: iriam viajar. Faltaram à prova e resolveram dar um 'jeitinho': voltaram à USJT na terça, sendo que a prova havia ocorrido na segunda. Então se dirigiram ao professor:

— Professor, fomos viajar, o pneu furou, não conseguimos consertá-lo, tivemos mil problemas, e por conta disso tudo nos atrasamos, mas gostaríamos de fazer a prova. O professor, sempre compreensivo, concordou em fazer a prova após o almoço.

Na hora da prova, o professor colocou cada aluno em uma sala diferente e entregou a prova. Primeira pergunta, valendo 1 ponto: Escreva algo sobre *Lei de Ohm*. Segunda pergunta, valendo 9 pontos: Qual pneu furou?" (Alunos..., 2008)

3. Nos fragmentos de contos de Machado de Assis a seguir, sublinhe os trechos em discurso direto, coloque entre parênteses os em discurso indireto e entre colchetes os em discurso indireto livre.

Trecho de "A Cartomante"

— *"Tu crês deveras nessas cousas? perguntou-lhe.*
Foi então que ela, sem saber que traduzia Hamlet em vulgar, disse--lhe que havia muita cousa misteriosa e verdadeira neste mundo. Se ele não acreditava, paciência; mas o certo é que a cartomante adivinhara tudo. Que mais? A prova é que ela agora estava tranquila e satisfeita." (Machado de Assis, 2008b)

Trecho de "A Chave"

"Também [Marcelina] pensava na conveniência de casar e casar bem; mas nenhum homem lhe abrira deveras o coração. Quem sabe se a fechadura não servia a nenhuma chave? Quem teria a verdadeira chave do coração de Marcelina? Ela chegou a supor que fosse um bacharel da vizinhança, mas esse casou dentro de algum tempo; depois desconfiara que a chave estivesse em poder de um oficial de Marinha. Erro: o oficial não trazia chave consigo. Assim andou de ilusão em ilusão, e chegou à mesma tristeza do pai. Era fácil acabar com ela: era casar com o Bastinhos. Mas se o Bastinhos, o circunspecto, o melancólico, o taciturno Bastinhos não tinha a chave!" (Machado de Assis, 2008c)

4. Segundo o MODELO 1 de esquema de texto narrativo apresentado neste capítulo, que etapa o trecho a seguir caracteriza? Justifique.

"Chegando a casa, já ali achou o Gustavo, um pouco preocupado e a própria D. Amélia o parecia também. Entrou rindo, e perguntou ao amigo se lhe faltava alguma cousa. [...]
— Mete a mão no bolso; não te falta nada?
— Falta-me a carteira, disse o Gustavo sem meter a mão no bolso.
— Sabes se alguém a achou?
— Achei-a eu, disse Honório entregando-lha.
Gustavo pegou dela precipitadamente, e olhou desconfiado para o amigo.

Esse olhar foi para Honório como um golpe de estilete; depois de tanta luta com a necessidade, era um triste prêmio. Sorriu amargamente; e, como o outro lhe perguntasse onde a achara, deu-lhe as explicações precisas. [...]

Honório deu duas voltas, e foi mudar de toilette *para o jantar. Então Gustavo sacou novamente a carteira, abriu-a, foi a um dos bolsos, tirou um dos bilhetinhos, que o outro não quis abrir nem ler, e estendeu-o a D. Amélia, que, ansiosa e trêmula, rasgou-o em trinta mil pedaços: era um bilhetinho de amor."* (Machado de Assis, 2008a)

Referências

ALENCAR, José de. *Lucíola*. Disponível em: <http://www.dominiopublico.gov.br/download/texto/bn000035.pdf>. Acesso em: 13 fev. 2008.

ALMEIDA, Napoleão Mendes de. *Gramática metódica da língua portuguesa*. 41. ed. São Paulo: Saraiva, 1997.

ALUNOS espertos. Disponível em: <http://www.possibilidades.com.br/humor/anedotas.asp>. Acesso em: 13 fev. 2008.

AQUINO, Renato. *Português para concursos*. 20. ed. Rio de Janeiro: Campus, 2007.

_____. *Um apólogo*. Disponível em: <http://www.dominiopublico.gov.br/download/texto/bv000269.pdf>. Acesso em: 13 fev. 2008f.

BARRETO, Mário. *De gramática e de linguagem*. Rio de Janeiro: O Norte, 1922. v. 2.

BILAC, Olavo. O menor perverso. In: *Ironia e piedade*. Rio de Janeiro: Francisco Alves, 1916. Disponível em: <http://www.dominiopublico.gov.br/download/texto/ub000044.pdf>. Acesso em: 13 fev. 2008.

BRUNER, Jerome. *Actual Minds, Possible Worlds*. Cambridge: Harvard University Press, 1986.

CÂMARA, Joaquim Mattoso. *Estrutura da língua portuguesa*. Petrópolis: Vozes, 1970.

CEGALLA, Domingos Paschoal. *Novíssima gramática da língua portuguesa*. 41. ed. São Paulo: Nacional, 1998.

CIPRO NETO, Pasquale; INFANTE, Ulisses. *Gramática da língua portuguesa*. São Paulo: Scipione, 1998.

ENTRE LIVROS. *A milenar e fascinante história das línguas*. São Paulo: Duetto, n. 4, 2006. Especial.

ESOPO. *O cão e o osso*. Disponível em: <http://www.clubedobebe.com.br/HomePage/Fabulas/fabulasdeesopo2.htm>. Acesso em: 13 fev. 2008.

FARACO, Carlos E.; MOURA, Francisco M. *Gramática*. 9. ed. São Paulo: Ática, 1996.

GARCIA, Othon. *Comunicação em prosa moderna*. 17. ed. Rio de Janeiro: FGV, 1996.

GRATIFICAÇÃO natalina: 13º salário. Disponível em: <http://www.ccsa.ufpb.br/~nca/13salario.html>. Acesso em: 31 jan. 2008.

GUIMARÃES, Bernardo. *A dança dos ossos*. Disponível em: <http://www.dominiopublico.gov.br/download/texto/ua000038.pdf>. Acesso em: 13 fev. 2008.

HENRIQUES, Cláudio. *Morfologia*. Rio de Janeiro: Campus, 2007.

JAMESON, Fredric. *Postmodernism, or, the Cultural Logic of Late Capitalism*. Durham: Duke University Press, 1992.

LIMA BARRETO, Afonso Henriques de. *Eficiência militar*. Disponível em: <http://www.dominiopublico.gov.br/download/texto/ua000154.pdf>. Acesso em: 31 jan. 2008a.

_____. *Triste fim de Policarpo Quaresma*. Disponível em: <http://www.dominiopublico.gov.br/download/texto/bn000013.pdf>. Acesso em: 31 jan. 2008b.

MACHADO DE ASSIS, José Maria de. *A carteira*. Disponível em: <http://www.dominiopublico.gov.br/download/texto/ua000180.pdf>. Acesso em: 13 fev. 2008a.

_____. *A cartomante*. Disponível em: <http://www.dominiopublico.gov.br/download/texto/bv000257.pdf>. Acesso em: 13 fev. 2008b.

_____. *A chave*. Disponível em: <http://www.dominiopublico.gov.br/download/texto/fs000184.pdf>. Acesso em: 13 fev. 2008c.

_____. *A mulher de preto*. Disponível em: <http://www.dominiopublico.gov.br/download/texto/bv000173.pdf>. Acesso em: 31 jan. 2008d.

_____. *O espelho*. Disponível em: <http://www.dominiopublico.gov.br/download/texto/bv000240.pdf>. Acesso em: 31 jan. 2008e.

MARTINS, Dileta S.; ZILBERKNOP, Lúbia S. *Português instrumental*. 22. ed. Porto Alegre: Sagra Luzzatto, 2001.

MESQUITA, Roberto. *Gramática da língua portuguesa*. São Paulo: Saraiva, 1994.

_____. _____. 5. ed. São Paulo: Saraiva, 1996.

_____. _____. 8. ed. São Paulo: Saraiva, 2002.

NEVES, Maria Helena de Moura. *Gramática de usos do português*. São Paulo: Ed. da Unesp, 2000.

NICOLA, José de.; INFANTE, Ulisses. *Gramática contemporânea da língua portuguesa*. São Paulo: Scipione, 1997.

OS DOIS lobos. Disponível em: <http://contoseparabolas.no.sapo.pt/03outros/indios.htm>. Acesso em: 13 fev. 2008.

PCWORLD. *Brasil é país onde uso de computadores mais cresce, revela pesquisa*. 10 out. 2007. Disponível em: <http://pcworld.uol.com.br/noticias/2007/10/10/idgnoticia.2007-10-10.4372108912>. Acesso em: 31 jan. 2008.

POMPEIA, Raul. *As festas de reis de minha prima*. Disponível em: <http://pt.wikisource.org/wiki/As_Festas_de_Reis_de_Minha_Prima>. Acesso em: 29 jan. 2008a.

_____. *Violeta*. Disponível em: <http://www.dominiopublico.gov.br/download/texto/bi000204.pdf>. Acesso em: 29 jan. 2008b.

QUEIRÓS, Eça de. *O crime do Padre Amaro*. Disponível em: <http://www.dominiopublico.gov.br/download/texto/bv000082.pdf>. Acesso em: 13 fev. 2008.

RIBEIRO, Júlio. *A carne*. Disponível em: <http://www.dominiopublico.gov.br/download/texto/bn000112.pdf>. Acesso em: 13 fev. 2008.

RIO, João do. *Emoções*. In: *Dentro da noite*. Disponível em: <http://www.dominiopublico.gov.br/download/texto/bn000064.pdf>. Acesso em: 13 fev. 2008.

ROCHA, Lima. *Gramática normativa da língua portuguesa*. 43. ed. Rio de Janeiro: José Olympio, 2003.

RODRIGUES, Carla. Dossiê: uma mulher simples. *Entrelivros*, São Paulo, n. 21, p. 28-36, jun. 2007.

ROSA, Maria. *Introdução à morfologia*. São Paulo: Contexto, 2003.

ROSSIGNOLI, Walter. *Português, teoria e prática*. 8. ed. São Paulo: Ática, 2000.

RUBIÃO, Murilo. *Contos reunidos*. São Paulo: Ática, 2005.

SGARIONI, Mariana. Tenha pelo menos um amigo. *Superinteressante*, São Paulo, n. 222, p. 54, jan. 2006.

SOLANO, Fernando. *Brasil representa a América Latina no Adventure Race World Championship*. Disponível em: <http://blog.estadao.com.br/blog/solano/?m=200705>. Acesso em: 31 jan. 2008.

SOUZA, Inglês de. *O missionário*. Disponível em: <http://www.dominiopublico.gov.br/download/texto/bv000120.pdf>. Acesso em: 13 fev. 2008.

SUPERINTERESSANTE. São Paulo: Abril, n. 229, ago. 2006, p. 26, 42, 50.

TAUNAY, Visconde de. Pobre menino. In: *Ao entardecer*. Disponível em: <http://www.dominiopublico.gov.br/download/texto/bv000310.pdf>. Acesso em: 13 fev. 2008.

TRAVAGLIA, Luis Carlos. *Gramática e interação*: uma proposta para o ensino de gramática no 1º e 2º graus. 3. ed. São Paulo: Cortez, 1997.

Gabarito

Capítulo 1
1. d
2. a
3. c

Capítulo 2
1. d
2. b
3. c
4. c
5. a

Capítulo 3
1. b
2. c
3. b

Capítulo 4
1. d
2. c
3. c
4. b

Capítulo 5
1. c
2. d
3. a

Capítulo 6
1. d
2. c
3. a

Capítulo 7
1. a
2. b
3. c
4. b, c, a, g, f, e, d

Capítulo 8
1. 2, 1, 2, 1.
2. 4, 5, 2, 3, 1.
3. Trecho de *A Cartomante*
   — Tu crês deveras nessas cousas? perguntou-lhe.
   (Foi então que ela, sem saber que traduzia Hamlet em vulgar, disse-lhe que havia muita cousa misteriosa e verdadeira neste mundo.) [Se ele não acreditava, paciência; mas o certo é que a cartomante adivinhara tudo. Que mais? A prova é que ela agora estava tranquila e satisfeita.]

   Trecho de *A Chave*
   (Também [Marcelina] pensava na conveniência de casar e casar bem; mas nenhum homem lhe abrira deveras o coração.) [Quem sabe se a fechadura não servia a nenhuma chave?] (Quem teria a verdadeira chave do coração de Marcelina? Ela chegou a supor que fosse um bacharel da vizinhança, mas esse casou dentro de algum tempo; depois desconfiara que a chave estivesse em poder de um oficial de Marinha.) [Erro: o oficial não trazia chave consigo.] (Assim andou de ilusão em ilusão, e chegou à mesma tristeza do pai.) [Era fácil acabar com ela: era casar com o Bastinhos. Mas se o Bastinhos, o circunspecto, o melancólico, o taciturno Bastinhos não tinha a chave!]

4. Etapa da *Resolução* ou *Conclusão*. Não há a apresentação dos elementos de tempo e de espaço nem das personagens (etapa da exposição ou introdução), que aparecem já envolvidos e ligados por um acontecimento anterior que é mencionado – a perda da carteira. A carteira foi encontrada e devolvida, nisso revelando o conflito instalado anteriormente (na etapa de complicação ou desenvolvimento). O que se tem, pois, é a situação final dos elementos básicos.